D1593633

ATLAS OF WORLD CULTURES

ATLAS
OF
WORLD
CULTURES

George Peter Murdock

UNIVERSITY OF PITTSBURGH PRESS

Published by the University of Pittsburgh Press, Pittsburgh, Pa., 15260
Copyright © 1981, University of Pittsburgh Press
All rights reserved
Feffer and Simons, Inc., London
Manufactured in the United States of America

Library of Congress Cataloging in Publication Data

Murdock, George Peter, 1897–
  Atlas of world cultures.

  Includes index.
  1. Ethnology—Classification. I. Title.
GN345.3.M86 1981   306   80–53030
ISBN 0–8229–3432–9

Contents

ATLAS OF WORLD CULTURES

CHAPTER ONE

Introduction

The first ten volumes of the journal *Ethnology* included instalments of a feature called the "Ethnographic Atlas" in which information was presented in coded form on various of the world's cultures. In 1967, after 862 cultures had been thus coded, they were assembled and published in book form (Murdock 1967) by the University of Pittsburgh Press. The instalments in *Ethnology* continued until 1971, when the total number of cultures coded had reached 1,264. The purpose of the present volume is to present a selected sample of this coded material in a form designed to be maximally useful to scholars in the behavioral sciences.

In all, a total of 563 societies were chosen for inclusion herewith. These presumably number the majority of those whose cultures are most fully described in the ethnographic literature. No useful purpose would be served by including societies that are inadequately or incompletely described, such as the now extinct Tasmanians, the Guanche of the Canary Islands, or the aboriginal inhabitants of New England. But a problem arises regarding those areas of the world where there are many well described but essentially similar cultures and where some principle of selection is required to avoid a disproportionate representation. Ultimately a satisfactory solution to this problem came to light.

More than a decade ago I discovered, largely by accident, that the peoples of the world can be conveniently divided into six large geographical regions which cover approximately equal areas and contain comparable numbers of distinct peoples and cultures, so that the selection of a roughly equal number of societies from each would produce an approximation to a representative world sample for the statistical testing of cross-cultural hypotheses. North America, South America, and Oceania (the continent of Australia plus many groups of islands from Indonesia to Polynesia) constitute readily distinguishable regions of comparable size and cultural complexity. Africa and Asia, however, are much too large, and Europe far too small. But if North Africa is detached from sub-Saharan Africa, and the Near East from Asia, and both are joined with Europe to form a composite Circum-Mediterranean region, this yields three great regions reasonably comparable to one another and to each American continent and to the Insular Pacific. These six *ad hoc* regions have been selected to serve as the primary basis for the classification of the world's peoples and cultures in this volume.

The subdivision of the six regions into smaller cultural units, or provinces, has proved a much more difficult task. A preliminary attempt, in the *Ethnographic Atlas* itself (Murdock 1967), grouped the individual societies assessed into 412 cultural "clusters," each composed of societies with cultures so obviously related that it would be improper to include more than one of them in any world sample chosen for statistical comparison. Such close similarities may, of course, be the product either of common derivation or of intimate and prolonged culture contact. In this volume these clusters have been combined or otherwise reduced to yield 150 cultural provinces, 25 for each of the six world regions.

This reduction is actually much less arbitrary than it may seem. First, more often than not, the provinces thus established correspond rather closely to recognized groupings into linguistic families or subfamilies. And, in the second place, there is considerably more than a casual correspondence between these provinces and the primary subdivisions of culture areas distinguished by various authors. In a very rough sense, therefore, our regions and provinces correspond to genera and species in systems of biological classification.

Linguistic evidence is particularly pertinent in this connection. In Africa, for example, where the inhabitants of eight of the provinces into which we have divided the continent speak Bantu languages, it is relevant that Olmsted (1957) has demonstrated by modern glottochronological techniques that the Bantu languages split off from their closest Niger-Congo cognates around 3,000 years ago and have continued to diverge ever since. It is doubtful whether any of the several branches of the Bantu are separated by a time depth of less than about 1,500 years. We therefore conclude that any shorter period of separation is insufficient to establish relative independence.

This has important implications for the peoples of European extraction who have been separated from the mother country for periods much shorter than this minimum. We must treat as possessing only variants of a single culture the Dutch and the Afrikanders; the French

Canadians and the French; the English, Anglo-Canadians, Americans, Australians, and New Zealanders; and the Spaniards, Portuguese, and all Latin American peoples. Only one member of such a set can be considered as representing a province. A colonial people and their mother country must be treated as alternates in exactly the same way as two primitive tribes with closely related cultures.

I have found consistent if not wholly satisfactory solutions to some problems of classification which recur repeatedly. Where I have encountered a number of cultures suitable for inclusion in a particular province on the basis of their possession of cognate languages or cultural similarities, I have ordinarily limited the selection to five. In the case of cultures of exceptional distinctiveness but with only a single well-documented example, for instance, the Pygmies (A11) or the Andaman Islanders (E20), I have reserved the province for the one society alone. In cases of smaller numbers and lesser cultural distinctiveness I have combined two or more isolated and unrelated cultures into a single province if they occupy adjacent territories, as in the instances of the Eastern Sudan (A23) and the Non-Slavic Peoples of Southeast Europe (C23). If a single isolated society lacks linguistic kinsmen and is not culturally particularly distinctive I assign it to the most culturally similar neighboring province even if this involves increasing the membership of the latter to six. Examples include the assignment of the Songhai to the Voltaic Peoples (A19) and of the Washo to the Penutian Peoples (N10). But I have discovered no way of compensating for an overall deficiency of available data as has happened particularly in the Circum-Mediterranean region.

Although this volume doubtless exhibits its share of errors—typographical and substantive—these are not the product of conflicting individual points of view. On the contrary, the coding of all 1,264 societies in the *Ethnographic Atlas* and all decisions regarding their inclusion in or exclusion from the present work have been made by a single individual—myself. This should impart to the volume a rather exceptional degree of unity. Moreover, my language difficulties are minimal. I enjoy complete control of four of the principal languages in which ethnographies are written—English, French, German, and Spanish—and can cope with two others—Dutch and Italian—with some measure of difficulty. Fortunately most of the sources in Russian are available in translation, and a colleague has generously provided me with partial transcripts of ethnographies on the Kumyk (C12) and Uzbeg (E03) that are not otherwise available.

It is probable that I have read several times as much ethnographic literature as any other living person, which places me in a class with two now deceased encyclopedic ethnographers, Roland B. Dixon of Harvard and Richard Thurnwald of the University of Berlin. Alfred Kroeber and Harold Driver have had total command of the ethnography on North America, Julian Steward on South America, and Hermann Baumann on Africa, but only Dixon, Thurnwald, and I have approached control of the ethnographic literature on the entire world. I am thus in a position to bring first-hand knowledge to bear on problems of ethnological classification whereas many of my colleagues are compelled to depend largely on hearsay.

Among the manifold potential uses of this volume, one of the most important is the assistance it provides in selecting a valid sample of the world's societies for cross-cultural research. For a sample of 150 societies it is necessary only to choose, preferably by some random method, one society from each of the provinces. Similarly a sample of 75 can be drawn by selecting societies from alternate provinces, and a sample of 50 by choosing one from every third province. The ordering of provinces in a continuous string of geographically adjacent units around the world assures a uniform spatial distribution for any such selection. Scholars are at liberty to choose a fresh sample for each study or to adopt a standard sample. Replication is made easy, for example, by contrasting odd with even numbered provinces.

Like most comparativists I have always insisted that data for any comparative study should be drawn without prejudice from "a 'universe' consisting of all human societies for whose cultures reasonably full descriptions are available. Exclusion of any known whole culture from potential consideration is legitimate only for insufficiency of data. It is, for example, illegitimate to exclude early civilizations such as those of Rome and Babylon, or modern industrial societies, or particular regions such as the Caribbean, or cultures described in languages other than one's own, or by ethnographers of other nationalities, disciplines, or theoretical orientations" (Murdock 1977, p. 213, italics deleted).

This policy has recently been repudiated by the Human Relations Area Files in an official pronouncement by its vice-president and executive director (Lagacé 1979), which excludes from consideration in its sampling procedure the following categories of cultural units: (1) units which constitute modern, industrial nation states or administrative-regional subdivisions thereof; (2) units which constitute prehistoric or historic periods.

I regard this decision as a thoroughly indefensible example of anthropological provincialism. It openly advises comparativists to abjure all data not gathered by anthropologists. It specifically warns against employing data assembled by historians as on such societies surveyed in the present study as the Babylonians (C10), Hebrews (C09), and Romans (C14) and even the Aztec (N24) and Inca (S13) to the knowledge of which historians have made a major contribution. The recommended exclusion of modern industrialized societies reveals a comparable unwarranted discrimination against the products of socio-logical as well as historical scholarship. Such narrow disciplinary biases are particularly objectionable to one who has been "called the 'totemic ancestor' of the Human Relations Area Files" (R. Naroll in Murdock 1977, p. 217n). This unfortunate decision also belies the claim of Lagacé (1979, p. 213) that HRAF's cross-cultural sample "is a strati-fied *probability* sample." Since its universe is an arbitrarily truncated one, from which two important classes of well-described cultures have been excluded, it cannot rightly be considered either a stratified sample or one whose composition has been determined by truly ran-dom means.

The ensuing chapters will first identify the societies selected for in-clusion in this volume and then present in coded form certain impor-tant ethnographic information on each of them. The societies included are distributed by region as follows:

    111 African societies, in chapter 2,
     65 Circum-Mediterranean societies, in chapter 3,
     81 East Asian societies, in chapter 4,
    101 societies from the Insular Pacific, in chapter 5,
    124 North American societies, in chapter 6,
     81 societies from South and Central America, in chapter 7,
    563 societies in all.

Each individual society bears an identifying number consisting of a capital letter indicative of the region, two digits (from 01 to 25) indica-tive of the province, and a lower-case letter indicative of the rank-order position of the society within the province, where this is necessary.

Following the name of the society there appears in parentheses the identifying number applied to it in the *Ethnographic Atlas* as well as the number of the cluster to which it is there assigned. This facilitates cross-reference and makes obvious any changes in classification that have occurred.

Societies are commonly pinpointed (P) to a particular subgroup and date to which the sources particularly apply and are located by their geographical coordinates given in parentheses.

The symbol I indicates that additional pertinent information is available for the particular society. Followed by H it indicates that further bibliographical and ethnographical information is contained in the Human Relations Area Files. An added asterisk (H*) indicates that the society was selected by HRAF for its so-called Probability Sample (see Lagacé 1979) and not subsequently found to be inadequate in quantity or quality of data. An S* indicates that the society was included in the standard Cross-Cultural Sample proposed by Murdock and White (1969) and was also cited with additional bibliography by Murdock (1980).

A maximum of two ethnographic sources is listed for each society as a guide to the literature, but these are to be used with caution unless other bibliographic aids have yielded source materials of substantial number and quality. To have included adequate bibliographic references for all the societies would have doubled the size of this book. For invaluable assistance in checking references, the author is deeply indebted to Jean Adelman, librarian at the University Museum, University of Pennsylvania.

References Cited in Chapter 1

Lagacé, R. O. 1979. The HRAF Probability Sample. Behavior Science Research 14: 211–229.

Murdock, G. P. 1967. Ethnographic Atlas. Pittsburgh.

———. 1977. Major Emphases in My Comparative Research. Behavior Science Research 12: 217–221.

———. 1980. Theories of Illness. Pittsburgh.

Murdock, G. P., and D. R. White. 1969. Standard Cross-Cultural Sample. Ethnology 8: 329–369.

Olmsted, D. L. 1957. Three Tests of Glottochronological Theory. American Anthropologist 59: 839–842.

CHAPTER TWO

African Peoples

The northern border of Africa as an ethnic region zigzags across the continent on either side of the fifteenth degree of north latitude, taking a modest dip in the extreme east to exclude Ethiopia and the Horn. It corresponds roughly to a line of demarcation between savanna and desert, and in an even more approximate sense to a boundary between indigenous Negroid and Caucasoid populations. South of about 5° north, Negroes formerly yielded to two other races—Pygmies in the tropical forest to the west and Bushmen in the savanna country farther east and south.

Around two thousand years ago immigrants of Mongoloid race from Borneo arrived in East Africa with the help of the seasonal monsoon winds over the Indian Ocean and settled the island of Madagascar, where their descendants still survive. Their sojourn in Tanzania, though brief, resulted in their transmitting to Africans the crops they had brought with them from Indonesia, notably yams, taro, and bananas. The Negro peoples along the border of the tropical forest adopted these with avidity since their own indigenous crops, of which the most important were sorghum and pearl millet, do not flourish under jungle conditions. As a result these Negroes, especially those speaking Bantu languages, poured southward and eastward into and across the rainforest, displacing or absorbing most of the native Pygmies and Bushmen, who were unacquainted with agriculture. Radiocarbon dating indicates that the Bantu had reached Zimbabwe in Rhodesia by the seventh century, and ultimately they came to dominate eight of the provinces into which we have divided the continent.

Other notable migrations on the continent have included the expansion of aggressive pastoral peoples into territories previously held by agriculturists, especially of Fulani from Senegal as far east as Cameroon, of Nilotic peoples spearheaded by the Masai southward into Tan-

9

zania, and of Baggara Arabs into the Eastern Sudan and Central Sudanic provinces.

A01: *Hottentots*

The inhabitants of this province speak languages of the Central branch of the Bushman subfamily of the Khoisan linguistic family. They formerly extended eastward around the Cape of Good Hope to the vicinity of Port Elizabeth, but these Cape Hottentots became detribalized in contact with the Dutch settlers after 1652, mixing with the latter and with slaves brought by them from Indonesia to form the hybrid population known today as the Cape Coloured.

Nama Hottentot or Namaqua (Aa3, cluster 3). P: Gei//Khauen tribe (20°S, 17°E) in 1860. I: H, S*.
  Schultze, L. Aus Namaland und Kalahari. Jena, 1907.
  Schapera, I. The Khoisan Peoples. London, 1930.

A02: *Khoisan Hunters*

This province embraces the hunting peoples of Khoisan speech who have survived the incursions of Bantu Negroes in south and east Africa over the past two millennia.

Kung Bushmen (Aa1, cluster 2). P: Agau of the Nyae Nyae region (20°S, 21°E) in 1950. I: H, S*.
  Schapera, I. The Khoisan Peoples. London, 1930.
  Marshall, L. the !Kung Bushmen. Peoples of Africa, ed. J. L. Gibbs, pp. 241–278. New York, 1965.
Hadza or Kindiga (Aa9, cluster 20). P: tribe as a whole (4°S, 35°E) in 1930. I: S*.
  Huntingford, G. W. B. The Southern Nilo-Hamites. London, 1953.
  Woodburn, J. The Social Organization of the Hadza. Ph. D. dissertation, Cambridge University, 1964.
Naron (Aa7, cluster 2). P: tribe as a whole (20°S, 24°E) in 1910.
  Bleek, D. C. The Naron. Cambridge, 1928.
  Schapera, I. The Khoisan Peoples. London, 1930.

A03: *Southeastern Bantu*

The members of this province belong to the Nguni, Shona, Sotho, and Thonga divisions of the Bantu branch of the Central or Bantoid subfamily of the Niger-Congo linguistic family. Their ancestors entered southeastern Africa from the north prior to 1600 A.D., displacing or absorbing the earlier Bushmanoid inhabitants. The Lozi represent an amalgam of Sotho-speaking Kololo invaders with earlier Central Bantu inhabitants of Barotseland; the former conquered the latter in 1836 but were in turn overthrown by their subjects in 1864.

Thonga (Ab4, cluster 6). P: Ronga subtribe (26°S, 32°E) in 1895. I: H, S*.
Junod, H. A. The Life of a South African Tribe. 2d edit. 2v. London, 1927.
Junod, H. P. The VaThonga. The Bantu Tribes of South Africa, ed. A. M. Duggan-Cronin, 4: i, 7–28. 1935.
Tswana or Bechuana (Ab13, cluster 5). P: Kgatla subtribe (24°S, 27°E), in 1880.
Schapera, I. Married Life in an African Tribe. New York, 1941.
———. The Tswana. London, 1953.
Zulu (Ab2, cluster 4). P: unspecified (23°S, 31°E) in 1880.
Krige, E. J. The Social System of the Zulus. London, 1936.
Schapera, I., ed. The Bantu-speaking Tribes of South Africa. London, 1937.
Venda (Ab6, cluster 5). P: unspecified (23°S, 30°E) in 1900.
Stayt, H. A. The Bavenda. Oxford, 1931.
Warmelo, N. J. van. Venda Law. Union of South Africa Department of Native Affairs Ethnological Publications 23: 1–1047. 1948.
Sotho or Basuto (Ab8, cluster 5). P: Koena division (29°S, 28°E) in 1860.
Casalis, E. A. The Basutos. London, 1861.
Sheddick, V. G. J. The Southern Basotho. London, 1953.
Lozi or Barotse (Ab3, cluster 8). Luzana division (15°S, 23°E) in 1900. I: H*.
Gluckman, M. The Lozi of Barotseland. Seven Tribes of British Central Africa, ed. E. Colson and M. Gluckman, pp. 1–93. London, 1951.
Turner, V. W. The Lozi People. London, 1952.

A04: *Southwestern Bantu*

This province comprises descendants of Bantu-speaking immigrants from the north, who displaced an earlier population of Negroid race but Khoisan language, of whom remnants survive in the Koroca tribe on the coast.

Mbundu (Ab5, cluster 10). P: Bailundo subtribe (12°S, 16°E) in 1930. I: H, S*.
Childs, G. M. Umbundu Kinship and Character. London, 1949.
McCulloch, M. The Ovimbundu of Angola. London, 1952.
Herero or Damara (Ab2, cluster 9). P: Unspecified (21°S, 16°E) in 1930.
Irle, J. Die Herero. Gütersloh, 1906.
Gibson, G. D. Double Descent and Its Correlates Among the Herero of Ngamiland. American Anthropologist 58: 109–139. 1956.
Ambo (Ab19, cluster 9). P: Kuanyama kingdom (17°S, 16°E) in 1910.
Tönjes, H. Ovamboland. Berlin, 1911.
Loeb, E. M. In Feudal Africa. International Journal of American Linguistics 28: iii, 1–383. 1962.
Nyaneka (Ab7, cluster 9). P: unspecified (15°S, 14°E) in 1920.

Tastevin, C. Le famille "Nyaneka." Semaine International d'Ethnologie
Religieuse 5: 269–287. 1931.

Lang, A., and C. Tastevin. La tribu des Va-Nyaneka. Mission Rohan-
Chabot 5: 1–213. Corbeil, 1937.

A05: *Western Central Bantu*

This province consists of Bantu-speaking peoples whose ancestors re-
placed an earlier Pygmy population in a broad band of savanna coun-
try extending from the Southwestern Bantu north to the edge of the
tropical rainforest.

Suku or Pindi (Ac17, cluster 11). P: Feshi Territory (6°S, 18°E) in 1920. I: S*.
  Torday, E., and T. A. Joyce. Notes ethnographiques sur des populations
    habitant les bassins du Kasai et Kwango oriental. Annales du Musée du
    Congo Belge, ser. 3, 2: ii, 1–359. 1922.
  Kopytoff, I. The Suku of Southwestern Congo. Peoples of Africa, ed. J. L.
    Gibbs, pp. 441–477. New York, 1965.
Lele (Ac23, cluster 12). P: village of South Homba (5°S, 21°E) in 1935.
  Vansina, J. Les tribus Ba-Kuba. Annales du Musée du Congo Belge, Eth-
    nologie 1: 1–64. 1954.
  Douglas, M. M. The Lele of the Kasai. London, 1963.
Ndembu (Ac6, cluster 13). P: unspecified (11°S, 26°E) in 1930.
  Baumann, H. Lunda. Berlin, 1935.
  Turner, V. W. Schism and Continuity in an African Society. Manchester,
    1957.
Kongo (Ac14, cluster 11). P: unspecified (7°S, 15°E) in 1900.
  Weeks, J. H. Among the Primitive Bakongo. London, 1914.
  Bruyns, L. De sociaal-economische ontwikkeling van de Bakongo.
    Mémoires de l'Institut Royal Congo Colonial Belge, Section des Sciences
    Morales et Politiques 30: iii, 1–343. 1951.
Kuba (Ac4, cluster 12). P. Unspecified (5°S, 22°E) in 1910.
  Torday, E., and T. A. Joyce. Notes ethnographiques sur les peuples
    communément appelés Bakuba. Bruxelles, 1910.
  Vansina, J. Les tribus Ba-Kuba et les peuplades apparentées. London,
    1954.

A06: *Eastern Central Bantu*

This province of Bantu-speaking peoples, in contrast to the Southeast-
ern Bantu to the south and the Tanzania Bantu to the north, is charac-
terized by matrilineal descent and the absence or comparative unim-
portance of cattle.

Bemba or Awemba (Ac3, cluster 14). P: Zambia branch (11°S, 31°E) in 1900.
  I: H.

Richards, A. I. Land, Labour and Diet in Northern Rhodesia. Oxford, 1939.
Whiteley, W. Bemba and Related Peoples. London, 1951.
Ila (Ac1, cluster 7). P: unspecified (16°S, 27°E) in 1920. I: H.
  Smith, F. W., and W. M. Dale. The Ila-speaking Peoples. 2v. London, 1950.
  Jaspan, M. A. The Ila-Tonga People. London, 1953.
Yao (Ac7, cluster 16). P: in southern Malawi (13°S, 36°E) in 1920. I: H.
  Stannus, H. S. The Wayao of Nyasaland, Harvard African Studies 3: 229–272. 1922.
  Middleton, J. C., and J. A. Barnes. The Yao Village. Manchester, 1956.
Luapula (Ac34, cluster 14). P: unspecified (10°S, 29°E) in 1940.
  Slaski, J. People of the Lower Luapula Valley. London, 1951.
Nyanja (Ac38, cluster 15). P: unspecified (16°S, 36°E) in 1910.
  Stannus, H. S. Notes on Some Tribes in British Central Africa. Journal of the Royal Anthropological Institute 40: 255–335. 1906.
  Tew, M. Peoples of the Lake Nyasa Region. London, 1950.

A07: *Malagasy*

This province comprises the inhabitants of the island of Madagascar, who speak Malayo-Polynesian languages closely akin to that of the Maanyan of Borneo. Their culture confirms the probability from linguistics that their ancestors arrived from Indonesia early in the Christian era.

Tanala (Eh3, cluster 184). P: Menabe subtribe (20°S, 48°E) in 1925. I: H, S*.
  Linton, R. The Tanala. Publications of the Field Museum of Natural History, Anthropological Series 22: 1–334. 1933.
  Kardiner, A. The Individual and His Society, pp. 251–351. New York, 1939.
Merina (Eh2, cluster 184). P: unspecified (19°S, 46°E) in 1900.
  Grandidier, A., and G. Grandidier. Ethnographie de Madagascar. 4v. Paris, 1908–28.
  Gray, R. F. Anthropological Problems of Madagascar: A Bibliographical Introduction. MS, 1954.
Antandroy (Eh7, cluster 184). P: unspecified (25°S, 46°E) in 1950.
  Lecary, R. L. L'Androy. 2v. Paris, 1930–33.
Sakalava (Eh8, cluster 184). P. unspecified (21°S, 45°E) in 1900.
  Kurze, G. Das Volk der Süd-Sakalava. Mitteilungen der Geographischen Gesellschaft zu Jena 5: 115–128; 7: 106–120. 1886–89.
  Faublée, J. Ethnographie de Madagascar. Paris, 1946.

A08: *Tanzania Bantu*

With the exception of the Hadza and Sandawe, who retain the Khoisan speech of the earlier inhabitants, all Tanzanian peoples now speak Bantu languages. They nevertheless exhibit rather striking cultural diversity.

Nyakyusa (Ad6, cluster 17). P: vicinity of Mwaya and Masoko (19°N, 34°E) in 1934. I: H, S*.
Tew, M. Peoples of the Lake Nyasa Region. London, 1950.
Wilson, M. Good Company. London, 1951.
Bena (Ad11, cluster 22). P: Ulanga valley (9°S, 36°E) in 1932.
Culwick, A. T., and C. M. Culwick. Ubena of the Rivers. London, 1935.
Sukuma (Ad22, cluster 19). P: unspecified (3°S, 24°E) in 1950.
Cory, H. Sukuma Law and Custom. London, 1954.
Malcolm, D. W. Sukumaland. London, 1953.
Luguru or Kami (Ad14, cluster 23). P: vicinity of Morogoro (7°S, 38°E) in 1925.
Young, R., and H. Fosbrooke. Land and Politics Among the Luguru. London, 1960.
Beidelman, T. C. The Matrilineal Peoples of Eastern Tanzania. London, 1967.
Hehe (Ad8, cluster 22). P: Iringa division (8°S, 35°E) in 1930.
Nigmann, E. Die Wahehe. Berlin, 1908.
Brown, G. G., and A. M. B. Hutt. Anthropology in Action. London, 1935.

A09: *Northeastern Bantu*

This province is composed of the Bantu peoples whose ancestors penetrated farthest east into Kenya and adjacent Somalia and of scanty remnants of an earlier hunting population.

Chagga (Ad3, cluster 26). P: the tribe as a whole (3°S, 38°E) in 1906. I: H, S*.
Gutmann, B. Das Recht der Dschagga. Arbeiten zur Entwicklungspsychologie 7: 1–733. 1926.
Raum, O. F. Chaga Childhood. London, 1940.
Kikuyu (Ad4, cluster 26). P: Fort Hall district (1°S, 37°E) in 1920. I: H.
Kenyatta, J. Facing Mount Kenya. London, 1939.
Middleton, J. The Kikuyu and Kamba. London, 1953.
Bajun (Ad1, cluster 24). P: coast and islands near Kisimayu (1°S, 47°E) in 1950.
Elliott, J. A. G. A Visit to the Bajun Islands. Journal of the African Society 25: 10–22, 147–163, 245–263, 335–358. 1925–26.
Grottanelli, V. L. Pescatori dell'Oceano Indiano. Roma, 1955.
Digo (Ad30, cluster 25). P: unspecified (4°S, 39°E) in 1890.
Baumann, O. Usambara und seine Nachbargebiete. Berlin, 1891.
Prins, A. H. J. The Coastal Tribes of the North-Eastern Bantu. London, 1952.
Hadimu (Ad29, cluster 24). P: Zanzibar (6°S, 39°E) in 1930.
Ingrams, W. H. Zanzibar. London, 1931.
Prins, A. H. J. The Swahili-speaking Peoples. London, 1961.

A10: *Lacustrine Bantu*

Since their displacement of the indigenous Pygmy population, who have left scattered pockets of survivors, e.g., among the Amba and Ruanda, the Bantu inhabitants of this province have experienced a peculiarly complex ethnic and cultural history.

Ganda (Ad7, cluster 28). P: vicinity of Kampala (0°20′N, 32°30′E) in 1875. I: H*, S*.

    Roscoe, J. The Baganda. London, 1911.

    Fallers, M. C. The Eastern Lacustrine Bantu. London, 1960.

Ruanda (Ae10, cluster 29). P: tribe as a whole (2°S, 30°E) in 1910. I: H.

    Czekanowski, J. Forschungen im Nil-Kongo-Zwischengebiet, v. 1. Leipzig, 1917.

    Maquet, J. J. Le système des relations sociales dans le Ruanda ancien. Annales due Congo Belge, Sciences de l'Homme, Ethnologie 1: 1–221. 1954.

Bantu Kavirondo (unnumbered, cluster 27). P: Wanga tribe (1°N, 34°E) in 1930.

    Wagner, G. The Bantu of North Kavirondo. 2v. London, 1949–56.

Amba (Ae1, cluster 33). P: Bwamba district in Uganda (1°N, 30°E) in 1950.

    Czekanowski, J. Forschungen im Nil-Kongo-Zwischengebiet, v. 2. Leipzig, 1924.

    Winter, E. Bwamba. Cambridge, 1956. Nyoro (Ad2, cluster 28). P: unspecified (2°N, 32°E) in 1950.

Nyoro (Ad2, cluster 28). P: unspecified (2°N, 32°E) in 1950.

    Roscoe, J. The Bakitara or Banyoro. Cambridge, 1923.

    Beattie, J. H. N. Bunyoro. New York, 1960.

A11: *Pygmies*

All of Africa from about 5° north to 16° south and from the Atlantic Ocean east to the great lakes was originally occupied exclusively by Pygmy peoples with Sangoan cultures. Over the past two thousand years, however, they have been overrun by Bantu invaders from the northwest and other Negroes from the north and have been decimated and reduced to scattered pockets of dependent survivors. They have lost their original languages and adopted that of the locally dominant Negro tribe, which is usually Bantu but happens to be Central Sudanic in the case of the Mbuti, the only Pygmy group on which there is ample ethnographic evidence.

Mbuti Pygmies (Aa5, cluster 1). P: Epulu net-hunters of Ituri Forest (2°N, 28°E) in 1950. I: H*, S*.

    Schebesta, P. Die Bambuti-Pygmaen vom Ituri. Mémoires de l'Institut Royal Colonial Belge, Collection 4, v. 1–2. 1938–50.

Turnbull, C. N. The Mbuti Pygmies. Anthropological Papers of the American Museum of Natural History 50: iii, 1–282. 1965.

A12: *Rainforest Bantu*

This province is inhabited by Bantu peoples, among whom there are numerous pockets of surviving Pygmies. It was here that the explosive expansion of the Bantu began, apparently around the first century A.D. in the general vicinity of the present location of the Banen tribe.

Nkundo Mongo (Ae4, cluster 31). P: Ilanga group (1°S, 19°E) in 1930. I: S*.
  Schebesta, P. My Pygmy and Negro Hosts. London, 1936.
  Hulstaert, T. Le mariage des Nkundó. Mémoires de l'Institut Royal Colonial Belge, Section des Sciences Morales et Politiques 8: 1–519. 1938.
Banen (Ae1, cluster 37). P: Ndiki subtribe (5°N, 11°E) in 1935. I: S*.
  McCulloch, M., M. Littlefield, and I. Dugast. People of the Central Cameroons. London, 1954.
  Dugast, I. Monographie de la tribu des Ndiki. Travaux et Mémoires de l'Institut d'Ethnologie 58, pt. i–ii. 1955–59.
Fang or Pahouin (Ae3, cluster 35). P: vicinity of Alen in Rio Muni province of Equatorial Guinea (2°N, 11°E) in 1905. I: H.
  Tessmann, G. Die Pangwe. 2v. Berlin, 1913.
  Balandier, G. Sociologie actuelle de l'Afrique noire. Paris, 1955.
Kpe or Kwiri (Ae2, cluster 36). P: Upper Kpe of Cameroon Mountain (4°N, 9°E) in 1950.
  Leuschner, J. Die Bakwiri. Rechtsverhältnisse von eingeborenen Völkern in Afrika und Ozeanien, ed. S. R. Steinmetz, pp. 14–26. Berlin, 1903.
  Ardener, E. Coastal Bantu of the Cameroons. London, 1956.
Ngombe (Ae39, cluster 34). P: unspecified (2°N, 20°E) in 1920.
  Burssens, H. Les peuplades de l'entre Congo-Ubangi. London, 1958.
  Wolfe, A. W. In the Ngombe Tradition. Evanston, 1961.

A13: *Bantoid Peoples*

This province includes the so-called Semi-Bantu, i.e., the peoples who speak languages of the Central or Bantoid subfamily of the Niger Congo linguistic family other than the Bantu proper, who have migrated to other provinces.

Tiv or Munshi (Ah3, cluster 64). P: Benue province (7°N, 9°E) in 1920. I: H*, S*.
  East, R., ed. Akiga's Story. London, 1939.
  Bohannan, P., and L. Bohannan. Three Source Books in Tiv Ethnography. New Haven, 1958.
Katab (Ah1, cluster 63). P: unspecified (10°N, 3°E) in 1940. I: H.
  Meek, C. K. Tribal Studies in Northern Nigeria. 2v. London, 1931.
  Gunn, H. D. Pagan Peoples of Northern Nigeria. London, 1956.

Yako (Af4, cluster 39). P: village of Umor (6°N, 8°E) in 1930.

Forde, C. D. Marriage and the Family Among the Yakö. London School of Economics Monographs on Social Anthropology 5: 1–121. 1941.

———. Yakö Studies. London, 1964.

Ibibio (Af20, cluster 40). P: unspecified (5°N, 8°E) in 1910.

Talbot, P. A. Life in Southern Nigeria. London, 1923.

Forde, D., and G. I. Jones. The Ibo and Ibibio-speaking Peoples. London, 1950.

Wute or Bute (Ah8, cluster 65). P: unspecified (6°N, 12°E) in 1910.

Sieber, J. Die Wute. Berlin, 1925.

Lembezat, B. Les populations païennes du Nord-Cameroun. Paris, 1961.

A14: *Eastern Kwa Peoples*

This province includes the peoples along and near the Guinea Coast who speak languages of the Ewe, Yoruba, or other eastern branches of the Kwa subfamily of the Niger-Congo linguistic family.

Fon or Dahomeans (Af1, cluster 44). P: environs of Abomey (7°N, 2°E) in 1890. I: S*.

Le Herissé, A. L'ancien royaume du Dahomey. Paris, 1911.

Herskovits, M. J. Dahomey. 2v. New York, 1938.

Ibo (Af10, cluster 41). P: eastern Isu-Ama group of a southern Ibo (5°N, 7°E) in 1935.

Green, M. M. Ibo Village Affairs. London, 1947.

Uchendu, V. C. The Igbo of Southern Nigeria. New York, 1965.

Yoruba (Af6, cluster 43). P: Oyo subtribe (8°N, 4°E) in 1890. I: H.

Johnson, S. The History of the Yoruba, ed. D. Johnson. London, 1921.

Forde, D. The Yoruba-speaking Peoples. London, 1951.

Nupe (Af8, cluster 42). P: unspecified (9°N, 6°E) in 1930. I: H.

Nadel, S. F. Nupe Religion. London, 1940

———. A Black Byzantium. London, 1942.

Ewe (Af36, cluster 44). P: Glidyi division (7°N, 1°E) in 1900.

Westermann, D. Die Glidyi-Ewe in Togo. Berlin, 1935.

Manoukian, M. The Ewe-speaking People. London, 1935.

A15: *Western Kwa Peoples*

This province includes the peoples along and near the Guinea Coast who speak languages of the Twi and Kru branches of the Kwa subfamily of the Niger-Congo linguistic family.

Ashanti (Af3, cluster 45). P: Kumasi state (7°N, 2°W) in 1895. I: H*, S*.

Rattray, R. S. Ashanti. Oxford, 1923.

Fortes, M. Kinship and Marriage Among the Ashanti. African Systems of Kinship and Marriage, ed. A. R. Radcliffe-Brown and M. Fortes, pp. 252–284. London, 1950.

18   ATLAS OF WORLD CULTURES

Bete (Af7, cluster 46). P: Daloa and Issia districts (7°N, 7°W) in 1955.
Köbben, A. Le planteur noir. Etudes Eburnéennes 5: 7–190. 1936.
Paulme, D. Une société de Côte d'Ivoire. Paris, 1962.
Baule (Af9, cluster 45). P: unspecified (8°N, 5°W) in 1900.
Clozel, F. J., and R. Villamur. Les coutumes indigènes de la Côte d'Ivoire. Paris, 1902.
Ménalque, M. Coutumes civiles des Baoulés. Paris, 1933.
Sapo (Af49, cluster 46). P: unspecified (6°N, 9°W) in 1940.
Schwab, G. Tribes of the Liberian Hinterland. Papers of the Peabody Museum, Harvard University 31: 1–566. 1947.
Fanti (Af42, cluster 45). P: unspecified (6°N, 1°W) in 1900.
Sarbah, J. M. Fanti Customary Law. London, 1897.
Christensen, J. B. Double Descent Among the Fanti. New Haven, 1954.

A16: *Senegambian Peoples*

This province, situated along the Senegambian coast, is inhabited by peoples who speak languages of the Atlantic subfamily of the Niger-Congo linguistic family.

Wolof (Cb2, cluster 51). P: Upper and Lower Salum in the Gambia (14°N, 12°W) in 1950. I: H*, S*.
Ames, D. W. Plural Marriage Among the Wolof. Ph.D. dissertation, Northwestern University, 1953.
Gamble, D. P. The Wolof of Senegambia. London, 1957.
Bijogo (Ag18, cluster 49). P: unspecified (11°N, 16°W) in 1930.
Bernatzik, H. A. Aethiopien des Westen. 2v. Wien, 1933.
———. Im Reiche der Bidyogo. Innsbruck, 1944.
Kissi (Af2, cluster 48). P: unspecified (9°N, 10°W) in 1950.
Néel, H. Note sur deux peuplades de la frontiére libérienne. Anthropologie 24: 445–475. 1913.
Paulme, D. Les gens du riz. Paris, 1954.
Coniagui (Ag8, cluster 50). P: tribe as a whole (12°N, 13°W) in 1910.
Delacour, A. Les Tenda. Revue d'Ethnographie et de Sociologie, v. 3–4. 1912–13.
Lestrange, M. D. Les Coniagui et les Bassari. Paris, 1950.
Temne (Af57, cluster 48). P: unspecified (8°N, 13°W) in 1910.
Thomas, N. W. Anthropological Report on Sierra Leone, v. 1. London, 1916.
McCulloch, M. The Peoples of Sierra Leone Protectorate. London, 1950.

A17: *Fulani*

The peoples known as Fulani or Peul speak languages of the Atlantic subfamily of the Niger-Congo linguistic family that are cognate with those of the Senegambian peoples and particularly close to that of the Serer tribe. There is substantial evidence that they split off from their kinsmen, perhaps as early as the eleventh century. Since then they have followed a career of conquest and exploitation which had carried them as far east as Cameroon by the beginning of the present century. By no means all of them are pastoral nomads.

Fulani (Cb24, cluster 103). P: Wodaabe of Niger (15°N, 7°E) in 1951. I: S*.
  Stenning, D. J. Savannah Nomads. London, 1959.
  Dupire, M. Peuls nomades. Travaux et Mémoires de l'Institut d'Ethnologie 64: 1–327. Paris, 1962.
Futajalonke (Ag6, cluster 52). P: unspecified (11°N, 13°W in 1890.
  Vieillard, G. Notes sur les coutumes des Peuls au Fouta Djallon. Publications du Comité d'Etudes Historiques et Scientifiques de l'Afrique Occidentale Française, ser. A, 11: 1–127. 1939.
  ———. Notes sur les Peuls du Fouta-Djallon. Bulletin de l'Institut Français d'Afrique Noire 2: 95–210. 1940.
Tukulor (Cb23, cluster 52). P: unspecified (17°N, 14°W) in 1930.
  Kane, A. S. Coutume civile et pénale toucouleur. Publications du Comité d'Etudes Historique et Scientifiques de l'Afrique Occidentale Française, ser. A, 8: 55–115; 9: 247–301. 1939.

A18: *Mande Peoples*

This province includes the peoples who speak languages of the Mande subfamily of the Niger-Congo linguistic family. The so-called Nuclear Mande of the interior, notably the Bambara, Malinke, and Soninke, were state-builders, responsible for such famous protohistoric empires as Ghana and Mali. It was probably their ancestors who first brought under cultivation the major indigenous African food crops, such as sorghum, pearl millet, cow peas, and peanuts.

Bambara (Ag1, cluster 53). P: between Segou and Bamako (13°N, 7°W) in 1902. I: H.
  Monteil, C. Les Bambara du Ségou et du Kaarta. Paris, 1924.
  Pacques, F. Les Bambara. Paris, 1954.
Mende (Af5, cluster 48). P: vicinity of town of Bo (8°N, 7°W) in 1945. I: H, S*.
  McCulloch, M. The Peoples of Sierra Leone Protectorate. London, 1950.
  Little, K. L. The Mende of Sierra Leone. London, 1951.
Kpelle (Af15, cluster 48). P: unspecified (8°N, 9°W) in 1920.
  Westermann, D. Die Kpelle. Göttingen, 1921.
  Schwab, G. Tribes of the Liberian Hinterland. Papers of the Peabody Museum, Harvard University 31: 1–526. 1947.

Malinke (Ag9, cluster 53). P: unspecified (11°N, 9°W) in 1930.
  Sidibé, M. Coutumier du cercle de Kita. Bulletin du Comité d'Etudes Histo-
    riques et Scientifiques d'Afrique Occidentale Française 15: 72–177. 1932.
  Labouret, H. Les Manding et leur langue. Bulletin de Comité d'Etudes
    Historiques et Scientifiques d'Afrique Occidenta Française 17: 1–270.
    1934.
Ngere or Guere (Af56, cluster 47). P: Gio subtribe (7°N, 8°W) in 1930.
  Viard, L. Les Guérés. Paris, 1934.
  Schwab, G. Tribes of the Liberian Hinterland. Papers of the Peabody Mu-
    seum, Harvard University 31: 1–526. 1947.

A19: *Voltaic Peoples*

This province embraces the peoples who speak languages of the Gur or
Voltaic subfamily of the Niger-Congo linguistic family and also in-
cludes the adjacent but linguistically isolated Songhai. A notable his-
torical figure named Askia seized control of the Songhai state in 1493,
established a university at Timbuktu, and gained fame throughout the
Moslem world by making a pilgrimage to Mecca with an enormous gift
of gold for charitable foundations there.

Songhai (Cb3, cluster 104). P: Bamba division (17°N, 2°W) in 1940. I: S*.
  Miner, H. The Primitive City of Timbuctoo. Princeton, 1953.
  Rouch, J. Les Songhay. Paris, 1954.
Dogon (Ag3, cluster 56). P: vicinity of Sanga village (14°N, 3°W) in 1935.
  I: H*.
  Paulme, D. Organisation sociale des Dogon. Paris, 1940.
  Marti, M. P. Les Dogon. Paris, 1957.
Tallensi (Ag4, cluster 59). P: tribe as a whole (11°N, 1°W) in 1934. I: H, S*.
  Fortes, M. The Web of Kinship Among the Tallensi. London, 1949.
  Manoukian, M. Tribes of the Northern Territories of the Gold Coast. Lon-
    don, 1952.
Konkomba (Ag10, cluster 61). P: unspecified (10°N, longitude of Greenwich)
  in 1948.
  Froelich, J. Les Konkomba. Bulletin de l'Institut Français d'Afrique Noire
    11: 409–427. 1949.
  Tait, D. The Territorial Pattern and Lineage System of the Konkomba.
    Tribes Without Rulers, ed. J. Middleton and D. Tait, pp. 167–201. Lon-
    don, 1958.
Mossi (Ag47, cluster 60). P: vicinity of Ougadougou (12°30'N, 2°W) in 1895.
  I: H.
  Dim Delobsom, A. A. L'empire du Mogho-Naba. Institut de Droit
    Comparé, Etudes de Sociologie et d'Ethnologie Juridiques 2: 1–303. 1932.
  Skinner, E. P. The Mossi of the Upper Volta. Stanford, 1964.
Birifor (Ag5, cluster 58). P: unspecified (10°N, 3°W) in 1930.

Labouret, H. Les tribus du Rameau Lobi. Travaux et Mémoires de l'Institut d'Ethnologie 30: 1–150. 1931.
Rattray, R. S. The Tribes of the Ashanti Hinterland. 2v. Oxford, 1932.

A20: *Chadic Peoples*

This province comprises the peoples who speak languages of the Chadic subfamily of the Afro-Asiatic or Hamito-Semitic linguistic family. They are Negroid in race, in contrast to members of the other subfamilies—Ancient Egyptian, Berber, Cushitic, and Semitic—who are physically Caucasoid. The Hausa are unique among the inhabitants of the African region in having practiced true writing before contact with European colonial peoples. The famous Kano Chronicle, however, records little except local wars prior to the fourteenth century.

Zazzagawa (Cb26, cluster 102). P: Hausa of Zaria (20°N, 7°E) in 1900. I: H*, S*.
  Smith, M. F. Baba of Karo. New York, 1955.
  Smith, M. G. The Hausa of Northern Nigeria. Peoples of Africa, ed. J. L. Gibbs, pp. 119–155. New York, 1965.
Kanawa (Cb9, cluster 102). P: Hausa of Kano (12°N, 9°E) in 1940. I: H.
  Greenberg, J. H. The Influence of Islam on a Sudanese Kingdom. Monographs of the American Ethnological Society 10: 1–73. 1946.
  Forde, D., and R. Scott. The Native Economies of Nigeria. London, 1946.
Matakam (Ah7, cluster 67). P: unspecified (11°N, 14°E) in 1940.
  Lavergne, G. Un peuple du Haut-Cameroun. Paris, 1949.
  Lembezat, B. Les populations païennes du Nord-Cameroun et de l'Adamoua. Paris, 1961.
Tera (Cb6, cluster 101). P: unspecified (11°N, 12°E) in 1920.
  Wood, W. M. Tera Notebooks. MS in the possession of Harold D. Gunn.
Kapsiki or Hill Margi (Ah38, cluster 67). P: unspecified (11°N, 14°E) in 1930.
  Meek, C. K. Tribal Studies in Northern Nigeria. 2v. London, 1931.
  Lembezat, B. Les populations païennes du Nord-Cameroun et de l'Adamoua. Paris, 1961.

A21: *Peoples of Northern Equatoria*

This province is composed of the peoples who speak languages of the Eastern subfamily of the Niger-Congo linguistic family.

Azande (Ai3, cluster 72). P: Yambio chiefdom (5°N, 28°E) in 1905. I: H*, S*.
  Evans-Pritchard, E. E. Witchcraft, Oracles and Magic Among the Azande. London, 1937.
  Baxter, P. T. W., and A. Butt. The Azande and Related Peoples. London, 1953.
Baya (Ai7, cluster 71). P: Bogoto or Eastern Baya (5°N, 17°E) in 1913.

Clozel, F. J. Les Bayas. Paris, 1896.
Tessmann, G. Die Baja. 2v. Stuttgart, 1915.
Banda (Ai1, cluster 71). P: unspecified (7°N, 22°E) in 1920.
Daigre. Les Bandas de l'Oubangui-Chari. Anthropos, v. 26–27. 1931–32.
Leynaud, E. Parenté et alliance chez les Bandas. Bulletin de l'Institut d'Etudes Centrafricaines, n.s., 7–8: 109–159. 1954.
Massa or Bana (Ai9, cluster 69). P: Massa of Cameroon (10°N, 15°E) in 1910. I: S*.
Lembezat, B. Les populations païennes du Nord-Cameroun et de l'Adamoua. Paris, 1961.
Garine, I. de. Les Massa du Cameroun. Paris, 1964.
Ngbandi (Ai15, cluster 71). P: unspecified (4°N, 22°E) in 1920.
Tanghe, B. De Ngbandi naar het leven geschetst. Brussel, 1928.
Burssens, H. Les peuplades de l'entre Congo-Ubangi. London, 1958.

A22: *Central Sudanic Peoples*

This province is inhabited by societies speaking languages of the Central subfamily of the Sudanic linguistic family.

Mangbetu (Ai11, cluster 73). P: unspecified (3°N, 28°E) in 1900.
Van Overbergh, C. Les Mangbetu. Bruxelles, 1909.
Czekanowski, J. Forschungen im Nil-Kongo-Zwischengebiet 2: 111–183. Leipzig, 1924.
Mamvu (Ai5, cluster 74). P: unspecified (3°N, 29°E) in 1920.
Czekanowski, J. Forschungen im Nil-Kongo-Zwischengebiet 2: 400–467. Leipzig, 1924.
Van Geluwe, H. Mamvu-Mangutu et Balese-Mvuba. London, 1957.
Bagirmi (Ai21, cluster 70). P: unspecified (11°N, 17°E) in 1880.
Nachtigal, G. Sahara und Sudan, v. 2. Berlin, 1881.
Lebeuf, A. M. D. Les populations du Tchad. Paris, 1959.
Madi (Ai33, cluster 74). P: unspecified (4°N, 32°E) in 1948.
Czekanowski, J. Forschungen im Nil-Kongo-Zwischengebiet, v. 2. Leipzig, 1924.
Baxter, P. T. W., and A. Butt. The Azande and Related Peoples. London, 1953.

A23: *Peoples of the Eastern Sudan*

This province is inhabited by peoples who speak languages belonging to a variety of small, disparate, and essentially independent linguistic families: Furian, Koman, Kordofanian, and Maban. Many of them have suffered severely in recent centuries from slave raiding by the Baggara Arabs.

Fur (Cb17, cluster 98). P: vicinity of Jebel Marra (13°30'N, 25°30'E) in 1880.
  Felkin, E. W. Notes on the For Tribe. Proceedings of the Royal Society of
    Edinburgh 13: 205–265. 1885.
  Beaton, A. F. The Fur. Sudan Notes and Records 29: 1–39. 1948.
Otoro Nuba (Ai10, cluster 75). P: tribe as a whole (11°N, 31°E) in 1930. I: S*.
  Nadel, S. F. The Nuba. London, 1947.
Mao (Ai47, cluster 77). P: northern Mao (9°N, 35°E) in 1939. I: S*.
  Grottanelli, V. L. I Mao. Missione etnografica nel Uollaga Occidentale 1:
    1–397. Roma, 1940.
  Cerulli, E. Peoples of South-west Ethiopia and Its Borderland. London,
    1956.
Korongo (Ai38, cluster 75). P: tribe as a whole (10°N, 30°E) in 1930.
  Seligman, C. G., and B. Z. Seligman. Pagan Tribes of the Nilotic Sudan.
    London, 1932.
  Nadel, S. F. The Nuba. London, 1947.

A24: *Northern Nilotes*

This province comprises peoples who speak languages of the Nilotic
branch of the Eastern subfamily of the Sudanic linguistic family and
who, unlike the Southern Nilotes, have been relatively uninfluenced by
culture contact with the Cushitic peoples to the east.

Shilluk (Ai6, cluster 76). P: the society as a whole (10°N, 32°E) in 1910. I: S*.
  Seligman, C. G., and B. Z. Seligman. Pagan Tribes of the Nilotic Sudan.
    London, 1932.
  Lienhardt, G. The Shilluk of the Upper Nile. African Worlds, ed. D. Forde,
    pp. 138–163. London, 1954.
Nuer (Aj3, cluster 78). P. Lou subtribe (8°N, 32°E) in 1930.
  Evans-Pritchard, E. E. The Nuer. Oxford, 1940.
  Butt, A. The Nilotes of the Anglo-Egyptian Sudan and Uganda. London,
    1952.
Alur (Aj17, cluster 80). P: unspecified (2°N, 31°E) in 1956.
  Southall, A. W. Alur Society. Cambridge, 1956.
Dinka (Aj11, cluster 78). P: unspecified (9°N, 29°E) in 1900.
  Seligman, C. G., and B. Z. Seligman. Pagan Tribes of the Nilotic Sudan.
    London, 1932.
  Lienhardt, G. The Western Dinka. Tribes Without Rulers, ed. J. Middleton
    and D. Tait, pp. 97–135. London, 1958.
Luo (Aj6, cluster 80). P: unspecified (1°S, 34°E) in 1947.
  Hobley, C. W. Eastern Uganda. Royal Anthropological Institute Occasional
    Papers 1: 1–95. 1902.
  Southall, A. Lineage Formation Among the Luo. Memoranda of the Inter-
    national African Institute 26: 1–43. 1952.

A25: *Southern Nilotes*

This province includes those peoples speaking languages of the Nilotic branch of the Eastern subfamily of the Sudanic linguistic family who are often confusingly called "Nilo-Hamites" because of strong cultural influences stemming from contacts with their Cushitic neighbors to the east.

Masai (Aj2, cluster 85). P: Kisonko or southern Masai (4°S, 36°E) in 1900. I: H*, S*.

Merker, M. Die Masai. Berlin, 1904.

Huntingford, G. W. B. The Southern Nilo-Hamites. London, 1953.

Nandi (Aj7, cluster 83). P: unspecified (equator, 35°E) in 1910.

Hollis, A. C. The Nandi. London, 1909.

Huntingford, G. W. B. The Nandi of Kenya. London, 1953.

Turkana (Aj5, cluster 82). P: unspecified (4°N, 35°E) in 1920.

Gulliver, P. H. A Preliminary Survey of the Turkana. Communications from the School of African Studies, University of Cape Town, n.s., 26: 1–281. 1951.

———. The Family Herds. London, 1955.

Dorobo (Aa2, cluster 84). P: Okiek or Western Dorobo (equator, 35°30′E) in 1927. I: H, S*.

Huntingford, G. W. B. The Southern Nilo-Hamites. London, 1953.

———. The Economic Life of the Dorobo. Anthropos 50: 602–634. 1955.

Bari (Aj8, cluster 79). P: unspecified (5°N, 32°E) in 1920.

Seligman, C. G., and B. Z. Seligman. Pagan Tribes of the Nilotic Sudan. London, 1932.

Huntingford, G. W. B. The Northern Nilo-Hamites. London, 1953.

CHAPTER THREE

Circum-Mediterranean Peoples

Some of the peoples of this region have been known to the civilized societies of the Western world for five thousand years, and practically all of them for at least half that period of time. They have been primarily the concern of historians and folklorists, and only recently have anthropologists begun to engage in their description and analysis. I deplore this oversight, but have admittedly been less diligent in seeking source materials than I have elsewhere in the ethnographic world.

C01: Cushites of the African Horn

This province includes the peoples who speak languages of the Eastern, Western, and Southern branches of the Cushitic subfamily of the Afro-Asiatic or Hamito-Semitic linguistic family.

Somali (Ca2, cluster 87). P: Dolbahanta clan (9°N, 47°E) in 1900. I: H*, S*.
  Lewis, I. M. Peoples of the Horn. London, 1955.
  ———. A Pastoral Democracy. London, 1961.
Konso (Ca1, cluster 90). P: town of Buso (5°N, 37°30'E) in 1935.
  Jensen, A. E. Im Lande des Gada. Stuttgart, 1936.
  Hallpike, C. R. The Konso of Ethiopia. MS, 1969.
Arusi Galla (Ca11, cluster 88). P: western Arusi (7°N, 39°E) in 1955.
  Huntingford, G. W. B. The Galla of Ethiopia. London, 1955.
  Haberland, E. Galla Süd-Aethiopiens. Die Altvölker Süd-Aethiopiens, ed.
    A. E. Jensen, 2: 406–521. Stuttgart, 1963.
Kafa (Ca30, cluster 92). P: the society as a whole (7°N, 36°E) in 1955. I: S*.
  Bieber, F. J. Kaffa. 2v. Münster, 1920–23.
  Huntingford, G. W. B. The Kingdoms of Kafa and Janjero. London, 1955.
Banna (Ca19, cluster 91). P: unspecified (6°N, 36°E) in 1950.
  Jensen, A. E., ed. Altvölker Süd-Aethiopiens. Stuttgart, 1959.
  Fleming, H. A. The Age-Grading Cultures of East Africa. Ph.D. dissertation, University of Pittsburgh, 1965.

25

C02: *Ethiopian Semites*

This province encompasses the inhabitants of Ethiopia who speak languages of the Semitic subfamily of the Afro-Asiatic or Hamito-Semitic linguistic family.

Amhara (Ca7, cluster 93). P: Gondar district (12°N, 37°E) in 1953. I: H*, S*.
  Grottanelli, V. Ricerche geografiche ed economiche sulle popolazioni. Mission di Studio al Lago Tanna 2: 1–198. Roma, 1939.
  Messing, S. D. The Highland-Plateau Amhara of Ethiopia. Ph.D. dissertation, University of Pennsylvania, 1957.
Tigrinya (Ca3, cluster 93). P: unspecified (14°N, 39°E) in 1945.
  Munzinger, W. Ostafrikanische Studien. Schaffhausen, 1864.
  Nadel, S. F. Land Tenure on the Ethiopian Plateau. Africa 16: 1–22, 99–109. 1946.

C03: *Nubians and Beja*

This province includes the Nile Nubians and the Beja, peoples who respectively speak languages of the unrelated Eastern Sudanic and Cushitic linguistic subfamilies.

Kenuzi Nubians (Cd1, cluster 96). P: Damit (23°N, 33°E) in 1900. I: S*.
  Herzog, R. Die Nubier. Berlin, 1957.
  Kennedy, J. G. Struggle for Change in a Nubian Community. Palo Alto, 1977.
Bisharin (Ca5, cluster 95). P: unspecified (20°N, 35°E) in 1930.
  Sandars, G. E. R. The Bisharin. Sudan Notes and Records 16: 119–149. 1933.
  Clark, W. T. Manners, Customs and Beliefs of the Northern Beja. Sudan Notes and Records 21: 1–30. 1938.
Dilling (Ai8, cluster 96). P: unspecified (12°N, 30°E) in 1930.
  Hawkesworth, D. The Nuba Proper of Southern Kordofan. Sudan Notes and Records 15: 159–199. 1932.
  Nadel, S. F. The Nuba. London, 1947.
Kunama (Ca33, cluster 94). P: unspecified (15°N, 37°E) in 1860.
  Munzinger, W. Ostafrikanische Studien. Schaffhausen, 1864.
  Grottanelli, V. L., and C. Massari. I Baria, i Cunama e i Beni Amer. Missione di Studio al Lago Tanna 2: 1–416. 1943.

C04: *Kanuric Peoples*

This province includes peoples who speak languages of the Kanuric or Central Saharan linguistic family.

Teda or Tebu (Cc2, cluster 106). P: nomads of Tibesti (21°N, 17°E) in 1950.
  I: S*.

Cline, W. The Teda of Tibesti, Borku and Kawar. General Series in Anthropology 12: 1–52. 1950.

Chapelle, J. Nomades noirs du Sahara. Paris, 1957.

Kanuri (Cb19, cluster 100). P: unspecified (12°N, 13°E) in 1870. I: H*.

Nachtigal, G. Sahara und Sudan. 2v. Berlin, 1879–81.

Cohen, R. The Structure of Kanuri Society. Ph.D. dissertation, University of Wisconsin, 1960.

Kanembu (Cb18, cluster 100). P: unspecified (14°N, 14°E) in 1937.

Bouillié, R. Les coutumes familiales au Kanem. Paris, 1937.

Lebeuf, A. M. D. Les populations du Tchad. Paris, 1959.

C05: *Inland Berbers*

This province embraces all the peoples who speak languages of the Berber subfamily of the Afro-Asiatic linguistic family except those living along the Mediterranean coast.

Ahaggaren Tuareg (Cc9, cluster 105). P: tribe as a whole (23°N, 6°E) in 1900. I: S*.

Lhote, H. Les Touaregs du Hoggar. Paris, 1944.

Nicolaisen, J. Ecology and Culture of the Pastoral Tuareg. Nationalmuseets Skrifter, Etnografisk Raeke, 9: 1–540. 1963.

Siwans (Cc3, cluster 107). P: the people as a whole (29°N, 25°30'E) in 1910. I: H.

Belgrave, C. D. Siwa: The Oasis of Jupiter Ammon. London, 1923.

Cline, W. Notes on the People of Siwah and El Garah in the Libyan Desert. General Series in Anthropology 4: 1–64. 1936.

Antessar Tuareg (Cc5, cluster 105). P: tribe as a whole (18°N, 3°W) in 1910.

Aymard, A. Les Touareg. Paris, 1911.

Miner, H. The Primitive City of Timbuctoo. Princeton, 1953.

Shluh (Cd5, cluster 109). P: in Grand Atlas Mountains (30°N, 9°W) in 1920. I: H.

Ubach, E., and E. Rackow. Sitte und Recht in Nordafrika. Stuttgart, 1923.

Montagne, R. Les Berbères et le Makhzen dans le sud du Maroc. Paris, 1930.

Mozabites (Cc4, cluster 107). P: oasis inhabitants as a unit (33°N, 4°E) in 1920.

Mercier, M. La civilisation urbaine au Mzab. Alger, 1922.

C06: *Hilalian Bedouin*

This province comprises the descendants of Bedouins from Arabia who flooded across the Isthmus of Suez and fanned out over much of North Africa in the eleventh and succeeding centuries. They speak mutually intelligible dialects of Arabic.

Regeibat (Cc1, cluster 108). P: tribe as a whole (22°N, 13°W) in 1920.

Caro Baroja, J. Estudios saharianos. Madrid, 1955.

Messiriya (Cb15, cluster 97). P: Humr subtribe (11°N, 29°E) in 1952.
    Cunnison, I. The Humr and Their Land. Sudan Notes 35: ii, 50–68. 1954.
    ———. Baggara Arabs. Oxford, 1966.
Chaamba (Cc16, cluster 108). P: unspecified (19°N, 3°E) in 1930.
    Regnier, Y. Les Chaamba. Paris, 1938.
    Briggs, L. C. The Living Races of the Sahara Desert. Papers of the Peabody
    Museum, Harvard University, 38: ii, 1–217. 1958.
Zenaga (Cc20, cluster 108). P: northern groups (18°N, 8°W) in 1910.
    Tauxier, L. Le noir du Soudan. Paris, 1912.
    Adeler. Coutume maure. Publications du Comité d'Etudes Historiques et
    Scientifiques de l'Afrique Occidentale Française, ser.A, 9: 373–400. 1939.
Delim (Cc17, cluster 108). P: unspecified (22°N, 15°W) in 1915.
    Caro Baroja, J. Estudios saharianos. Madrid, 1955.

C07: *Peoples of the Maghreb*

The Maghreb, or western Mediterranean coastal region of Africa, has been inhabited by mixed populations with complex civilizations ever since the time of Carthaginian and Roman occupation. The Berber language survives in places but has been replaced, first by Punic and Latin and then by Arabic, in most places.

Riffians (Cd3, cluster 109). P: unspecified (35°N, 3°W) in 1926. I: H, S*.
    Coon, C. S. Tribes of the Rif. Harvard African Studies 9: 1–417. 1931.
    Hart, D. M. The Aith Waryaghar of the Moroccan Rif. Tucson, 1976.
Kabyle (Cb4, cluster 111). P: unspecified (36°N, 4°E) in 1890.
    Hanoteau, A., and A. Letourneaux. Le Kabylie et les coutumes kabyles. 2d
    edit. 2v. Paris, 1893.
    Maunier, R. Mélanges de sociologie nord-africaine. Paris, 1930.
Algerians (Cd12, cluster 112). P: unspecified (31°N, 2°E) in 1870.
    Villot, C. Moeurs, coutumes et institutions des indigènes de l'Algérie. 2d
    edit. Constantine, 1875.
    Bernard, A. L'Algérie. Paris, 1929.
Tunisians (Cd21, cluster 112). P: unspecified (37°N, 10°E) in 1930.
    Despois, J. Le Tunisie. Paris, 1930.
    Bonniard, F. Le tell septentrional en Tunisie. Paris, 1934.

C08: *Peoples of Egypt*

In antiquity the Egyptians spoke a language of the Ancient Egyptian subfamily of the Afro-Asiatic linguistic family, but it has been almost completely replaced today by Arabic.

Egyptians (Cd2, cluster 112). P: town and environs of Silwa (25°N, 33°E) in
    1950. I: H, S*.
    Winkler, H. A. Bauern zwischen Wasser und Wüste. Stuttgart, 1934.

Ammar, H. Growing Up in an Egyptian Village. London, 1954.
Pharaonic Egyptians (Cd6, cluster 113). P: 30°N, 31°E, in the New Empire, c.1400 B.C.
Kees, H. Aegypten, München, 1923.
Montet, P. La vie quotidienne en Egypte au temps des Ramsès. Paris, 1946.

C09: *Jews*

This province is designed to include any population with Jewish culture from the ancient Hebrews, through the Diaspora, to the modern state of Israel.

Hebrews (Cj3, cluster 137). P: kingdom of Judea (31°N, 35°») in 621 B.C. I: S*.
Young, R. Analytical Concordance to the Holy Bible. Rev. edit. New York, 1924.
DeVaux, R. Ancient Israel: Its Life and Institutions. New York, 1961.

C10: *Ancient Mesopotamia*

This province includes the peoples and periods of ancient Mesopotamia whose cultures, like the Babylonians and Assyrians, have left a record approaching in fullness that of modern ethnography.

Babylonians (Cj4, cluster 140). P: city and environs of Babylon (33°N, 45°E) about 1750 B.C., the climax of the reign of Hammurabi. H: S*.
Saggs, H. W. F. The Greatness That Was Babylon. London, 1962.
Gadd, C. J. Hammurabi and the End of His Dynasty. Cambridge Ancient History, rev. edit., fascicle 35. Cambridge, 1965.

C11: *Arabs of the Near East*

This province embraces the peoples of the Near East who speak Arabic, a language belonging to the Semitic subfamily of the Afro-Asiatic linguistic family.

Rwala Bedouin (Cj2, cluster 108). P: unspecified (32°N, 28°30'E) in 1913. I: H, S*.
Musil, A. The Manners and Customs of the Rwala Bedouins. New York, 1928.
Raswan, C. R. Black Tents of Arabia. New York, 1944.
Druze (Cj8, cluster 138). P: around Mount Carmel (33°N, 35°E) in 1930.
Kasdan, L. Isfiya: Fission and Faction in a Druze Community. Ph.D. dissertation, University of Chicago, 1961.
Lebanese (Cj7, cluster 138). P: village of Munsif (34°N, 36°E) in 1950.
Gulick, J. Social Structure and Cultural Change in a Lebanese Village. Viking Fund Publications in Anthropology 21: 1–191. 1955.
Patai, R., ed. The Republic of Lebanon. New Haven, 1956.

Madan or Marsh Arabs (Cj10, cluster 139). P: village of ech-Chibayish (31°N, 47°E) in 1950.
Westphal, S., and H. Westphal. Die Ma'adan. Berlin, 1962.
Salim, S. M. Marsh Dwellers of the Euphrates. London School of Economics Monographs on Social Anthropology 23: 1–157. 1962.
Syrians (Cj1, cluster 138). P: village of Tell Toqaan (36°N, 36°E) in 1950. I: H. Sweet, L. E. Tell Toqaan: A Syrian Village. Anthropological Papers of the Museum of Anthropology, University of Michigan, 14: 1–255. 1960.

C12: *Turkic Peoples*

This province includes the Turkish-speaking inhabitants of Turkey and the Caucasus. Their languages belong to the Turkmen branch of the Turkic family of the Altaic linguistic phylum.

Turks (Ci5, cluster 136). P: northern Anatolian Plateau (39°N, 34°E) in 1950. H: H, S*.
Makal, M. A Village in Anatolia. London, 1954.
Stirling, P. Turkish Village. London, 1965.
Kumyk (Ci3, cluster 129). P: Kayakent of eastern Dagestan (42°N, 48°E) in 1957.
Gadzhieva, S. S. Kayakentiskie Kumyki. Trudy Instituta Etnografii, n.s., 46: Kavkaszkii Etnograficheskii Sbornik, ed. M. O. Kosven 2: 5–90. 1958.

C13: *Greeks*

This province accommodates the inhabitants of both ancient and modern Greece, whose languages belong to the Greek subfamily of the Indo-European linguistic family.

Greeks (Ce7, cluster 114). P: village of Vasilika (39°N, 23°E) in 1950.
Friedl, E. Vasilika, a Village in Modern Greece. New York, 1962.

C14: *Italians*

This province includes the inhabitants, past and present, of the Italian peninsula, all of whom now speak languages of the Italic division of the Indo-European family.

Imperial Romans (Ce3, cluster 116). P: city and environs of Rome (42°N, 14°E) in 110 A.D. I: H, S*.
Friedländer, L. Roman Life and Manners Under the Early Empire. London, 1908.
Balsdon, J. P. V. D. Life and Leisure in Ancient Rome. New York, 1969.
Neapolitans (Ce5, cluster 116). P: city and environs of Naples (41°N, 13°E) in 1950.
Parsons, A. Personal communication to A. Lomax, 1964.

C15: *Iberian Peoples*

This province embraces the inhabitants of the Iberian peninsula, speakers of the Spanish, Portuguese, and Basque languages, along with the populations descended from them in the New World.

Basques (Ce4, cluster 118). P: village of Vera de Bidasoa (43°N, 2°W) in 1940. I: S*.
    Caro Baroja, J. La vida rural en Vera de Bidasoa. Madrid, 1944.
    ———. Los Vascos. Madrid, 1958.
Spaniards (Ce6, cluster 117). P: Andalusia (37°N, 6°W) in 1950.
    Pitt-Rivers, J. A. The People of the Sierra. New York, 1954.
Brazilians (Cf4, cluster 117). P: village of Cruz das Almas near São Paulo (23°S, 47°W) in 1940.
    Pierson, D. Cruz das Almas: A Brazilian Village. Publications of the Institute of Social Anthropology, Smithsonian Institution, 12: 1–226. 1940.

C16: *French-speaking Peoples*

This province is designed to include peoples, both in Europe and overseas, who speak French, a language belonging to the Italic or Romance subfamily of the Indo-European linguistic family. I particularly regret here the lack of a code on the inhabitants of Paris and its environs.

French Canadians (Cf5, cluster 119). P: parish of St. Denis (47°N, 72°W) in 1930.
    Miner, H. St. Denis. Chicago, 1939.

C17: *English-speaking Peoples*

This province includes the peoples in Great Britain and overseas who are speakers of English, or in a few instances of an earlier Celtic language.

New Englanders (Cf1, cluster 120). P: a small city in Connecticut (41°30′N, 73°W) in 1920.
    Murdock, G. P. Unpublished profile of his home town.
Irish (Cg3, cluster 120). P: County Clare (53°N, 9°W) in 1930.
    Arensberg, C. M. The Irish Countryman. London, 1937.
    Cresswell, R. Une communauté rurale d'Irlande. Travaux et Mémoires de l'Institut d'Ethnologie 74: 1–571. Paris, 1969.
Tristan da Cunha Islanders (Cf3, cluster 120). P: inhabitants as a unit (37°S, 12°W) in 1930.
    Munch, P. A. Sociology of Tristan da Cunha. Oslo, 1945.

C18: *Dutch-speaking Peoples*

This province includes the peoples in the Netherlands and overseas who speak Dutch, a language of the Low German branch of the Germanic subfamily of the Indo-European linguistic family.

Dutch (Cg1, cluster 121). P: Anlo parish in Drente province (53°N, 7°E) in 1950.
  Keur, J. Y., and D. L. Keur. The Deeply Rooted. Monographs of the American Ethnological Society 23: 1–208. 1955.

C19: *Germans and Scandinavians*

This province includes the peoples who speak German or Scandinavian languages. I particularly regret the lack of a code on some German industrial community.

Icelanders (Cg2, cluster 122). P: unspecified (64°N, 20°W) in 1100 A.D.
  Dasent, G. W. The Story of the Burnt Njal. Edinburgh, 1961.
  Johnson, E. Pioneers of Freedom. Boston, 1930.

C20: *Finnic-speaking Peoples*

This province includes peoples who speak languages of the Finnic division of the Finno-Ugrian linguistic family.

Lapps (Cg4, cluster 123). P: Könkämä district (68°N, 22°E) in 1950. I: H*, S*.
  Pehrson, R. N. The Bilateral Network of Social Relations in Könkämä Lapp District. Indiana University Publications, Slavic and East European ser., 5: 1–128. 1957.
  Whitaker, I. Social Relations in a Nomadic Lappish Community. Uitgitt af Norsk Folkmuseum 2: 1–178. 1955.
Cheremis or Mari (Ch4, cluster 124). P: unspecified (43°N, 46°E) in 1900.
  Wichmann, J. Beiträge zur Ethnographie der Tscheremissen. Helsinki, 1913.
  Heffner, R. C., ed. The Cheremis. New Haven, 1955.

C21: *Baltic and West Slavic Peoples*

This province includes the peoples who speak languages of the Balto-Slavic and West Slavic branches of the Indo-European linguistic family.

Czechs (Ch3, cluster 126). Hana district of Moravia (50°N, 16°E) in 1940. I: H.
  Hajda, J., ed. Czechoslovakia. New Haven, 1955.
  Pospisil, L. Personal communication.
Lithuanians (Ch9, cluster 125). P: unspecified (55°N, 24°E) in 1930.
  Maciuika, B. V., ed. Lithuania. New Haven, 1955.

C22: *South Slavic Peoples*

This province includes the peoples who speak languages of the South Slavic branch of the Indo-European linguistic family.

Serbs (Ch1, cluster 128). P: village of Orasac (44°N, 20°E) in 1950. I: H*.
Halpern, J. M. A Serbian Village. New York, 1957.
Bulgarians (Ch5, cluster 128). P: village of Dragelevtsy (43°N, 23°E) in 1940.
Sanders, I. T. Balkan Village. Lexington, 1949.

C23: *Non-Slavic Peoples of Southeast Europe*

This province embraces peoples speaking languages of three separate groups: Albanian constitutes a subfamily of Indo-European, Romanian belongs to the Italic subfamily of Indo-European, and Hungarian belongs to the unrelated Finno-Ugrian family.

Albanians (Ce1, cluster 115). P: Gheg (42°N, 20°E) in 1910. H: S*.
   Durham, M. E. Some Tribal Origins, Laws and Customs of the Balkans. London, 1928.
   Coon, C. S. The Mountain of Giants. Papers of the Peabody Museum, Harvard University 23: iii, 1–105. 1950.
Hungarians (Ch8, cluster 127). P: unspecified (47°N, 20°E) in 1940.
   Hanzeli, V. E. The Hungarians. New Haven, 1955.

C24: *East Slavic Peoples*

This province includes the peoples who speak Indo-European languages of the Eastern branch of the Slavic subfamily.

Russians (Ch11, cluster 126). P: village of Viriatino (53°N, 41°E) in 1955.
   Dunn, S. P., and E. Dunn. The Peasants of Central Russia. New York, 1967.
   ———. The Great Russian Peasant. Ethnology 2: 320–338. 1963.
Ukrainians (Ch7, cluster 126). P: unspecified (48°N, 36°E) in 1930.
   Frederich, P. W. The Social Organization of a Ukrainian Village. MS, 1954.
Hutsul (Ch2, cluster 126). P: unspecified (49°N, 24°E) in 1890.
   Kaindl, R. F. Die Huzulen. Wien, 1894.
   Szuchiewicz, W. Huculszcyna. 4v. Lwow, 1902–08.

C25: *Peoples of the Caucasus*

This province embraces the peoples of exceedingly diverse languages who inhabit the region of the Caucasus Mountains.

Armenians (Ci10, cluster 134). P: vicinity of Erevan (40°N, 44°30'E) in 1843.
   Haxthausen, A. von. Transcaucasia. Transl. London, 1854.

Klidschian, A. Das armenische Eherecht. Zeitschrift für Vergleichende Rechtswissenschaft 45: 257–377. 1911.

Cherkess or Circassians (Ci4, cluster 130). P: unspecified (44°N, 42°E) in 1920.

Ladysenkij, A. Das Familienrecht der Tscherkessen. Zeitschrift für Vergleichende Rechtswissenschaft 45: 178–208. 1929.

Castagné, J. Le droit familial des montagnards du Caucase. Revue des Etudes Islamiques 3: 245–275. 1929.

Khevsur (Ci2, cluster 133). P: unspecified (43°N, 45°E) in 1930.

Grigolia, A. Custom and Justice in the Caucasus. Philadelphia, 1939.

CHAPTER FOUR

East Asian Peoples

Migrations across the boundary with East Asia established the Magyars in Hungary around the end of the ninth century and the Ottoman Turks in Constantinople in 1453, but the tide began to turn with the fall of Budapest in 1686. During the eighteenth and nineteenth centuries the flow of immigration turned eastward, Russian colonists occupied substantial tracts of territory in Siberia, and by the outbreak of World War I the Balkan states had achieved independence. Within the region colonial regimes survive in the north, have disappeared in the south, and have never existed in the center (Iran to Japan).

E01: *Iranian Peoples*

This province embraces the peoples who speak languages of the Iranian or Persian subfamily of the Indo-European linguistic family.

Baluch (Ea10, cluster 142). P: Marri tribe (30°N, 68°E) in 1955.
  Pehrson, R. N. The Social Organization of the Marri Baluch, ed. F. Barth.
    Viking Fund Publications in Anthropology 43: 1–127. 1966.
  Hughes, A. W. The Country of Balochistan. London, 1877.
Basseri (Ea6, cluster 142). P: nomadic branch (29°N, 45°E) in 1958.
  Barth, F. K. Nomads of South Persia. London, 1961.
Pathan or Pukhtun (Ea2, cluster 145). P: Yusufsai of Swat (34°N, 72°E) in
  1950.
  Honigmann, J. J. Information for Pakistan. MS, 1953.
  Barth, F. Segmentary Opposition and the Theory of Games. Journal of the
    Royal Anthropological Institute 89: 5–21. 1959.
Hazara (Ea3, cluster 144). P: Urazgani (32°N, 67°E) in 1930.
  Bacon, E. B. Obok. Viking Fund Publications in Anthropology 25: 1–235.
    1958.
  Wilber, D. N., ed. Afghanistan. New Haven, 1956.

E02: *Peoples of Dardistand and Kashmir*

With the exception of the Burusho, who speak an isolated language, the peoples of this province speak languages of the Indic subfamily of the Indo-European linguistic family.

Burusho (Ee2, cluster 147). P: Hunza state (37°N, 75°E) in 1934. I: H.
  Lorimer, D. L. W. The Burushaski Language. 3v. Oslo, 1935–38.
  Lorimer, E. O. Language Hunting in the Karakoram. London, 1939.
Dard (Ee5, cluster 146). P: Shina tribe (35°N, 73°E) in 1870. I: H.
  Leitner, G. W. The Languages and Races of Dardistan. Lahore, 1873.
  Biddulph, J. Tribes of the Hindoo Kush. Calcutta, 1880.
Kashmiri (Ef8, cluster 173). P: Sarasvati Brahmans (34°N, 75°E) in 1950. I: H.
  Lawrence, W. R. The Valley of Kashmir. London, 1895.
  Madan, T. N. Family and Kinship: A Study of the Pandits of Rural Kashmir. Bombay, 1965.
Kohistani (Ea4, cluster 143). P: unspecified (35°N, 73°E) in 1950.
  Barth, F. Indus and Swat Kohistan. Oslo, 1956.
Nuri or Kafirs (Ea5, cluster 146). P: unspecified (36°N, 71°E) in 1890.
  Robertson, G. S. The Kafirs of the Hindu-Kush. London, 1896.
  Wilber, D. N., ed. Afghanistan. New Haven, 1956.

E03: *Peoples of Turkestan*

This province includes peoples who speak languages of the Turkic subfamily of the Uralic linguistic family.

Kazak (Eb1, cluster 148). P: Great Horde (48°N, 70°E) in 1885. I: H, S*.
  Grodekov, N. I. Kirghizy i Karakirgizy sur Dar'inskoi Oblasti. Tashkent, 1889.
  Radloff, W. Aus Sibirien. 2v. Leipzig, 1893.
Uzbeg (Eb8, cluster 148). Kongrat tribe (43°N, 60°E) in early nineteenth century.
  Zadykhina, K. L. Uzbeki del'ty Amu-Dar'i. Khorezmskoi Arkheologo-Etnograficheskoi Eskpeditsii 1: 319–426. Moskva, 1952.

E04: *Ugric and Samoyedic Peoples*

This province comprises the peoples who speak languages of the Ugric and Samoyedic subfamilies of the Uralic linguistic family.

Samoyed (Ec4, cluster 150). P: Yurak or Nenets (68°N, 55°E) in 1894. I: H, S*.
  Jackson, F. G. The Great Frozen Land. London, 1895.
  Englehardt, E. A. A Russian Province of the North. Westminster, 1899.
Ostyak (Ec10, cluster 151). P: on the Ob River (62°N, 74°E) in 1880.
  Ahlqvist, A. Unter Wogulen und Ostjaken. Acta Societatis Scientiarum Fennicae 14: 133–307. 1885.

Harva, U. Der Bau des Verwandtschaftsnamensystems und die Verwandt-
schaftsverhältnisse bei den Fenno-Ugrier. Finno-Ugrische Forschungen
26: 91–120. 1939–40.

E05: *Peoples of Central Arctic Siberia*

This province includes the Turkic-speaking Yakut together with some
neighboring linguistically isolated societies.

Yakut (Ec2, cluster 153). P: Yakutsk district (62°N, 125°E) in 1890. I: H*.
Sieroshevski, M. Yakuty. St. Petersburg, 1896.
Sumner, W. G. The Yakuts. Journal of the Royal Anthropological Institute
31: 65–110. 1901. (A translation and abridgement of Sieroshevski.)
Yukaghir (Ec6, cluster 154). P: on upper Kolyma River (65°N, 153°E) in 1900.
I: S*.
Jochelson, W. The Yukaghir and Yukaghirized Tungus. Memoirs of the
American Museum of Natural History 13: 1–469. 1926.
Angere, J. Jukagirisch-Deutsches Wörterbuch. Stockholm, 1957.
Ket or Yenisei Ostyak (Ec8, cluster 152). P: unspecified (62°N, 90°E) in 1900.
Shimkin, D. B. A Sketch of the Ket, or Yenisei "Ostyak." Ethnos 4: 147–
176. 1939.

E06: *Paleo-Siberian Peoples*

This province includes peoples who speak languages of the Luorawet-
lan linguistic family.

Chukchee (Ec3, cluster 155). P: Reindeer division (66°N, 177°E) in 1900. I:
H*, S*.
Bogoras, W. The Chukchee. Memoirs of the American Museum of Natural
History 11: 1–703. 1904–09.
Sverdrup, H: H. Hos tendrafolket. Oslo, 1938.
Koryak (Ec5, cluster 155). P: Maritime division (62°N, 164°E) in 1900.
Jochelson, W. The Koryak. Memoirs of the American Museum of Natural
History, v. 13. 1905–08.

E07: *Northeast Maritime Peoples*

This province is inhabited by peoples who are linguistically unrelated
either to each other or to outsiders.

Ainu (Ec7, cluster 157). P: Saru basin in Hokkaido (43°N, 143°E) in 1880. I:
H, S*.
Batchelor, J. Ainu Life and Lore. Tokyo, 1927.
Hilger, M. I. Together with the Ainu. Norman, 1971.
Gilyak (Ec1, cluster 156). P: unspecified (55°N, 142°E) in 1920.
Sternberg, L. Semya i rod u naradov severo-vostochnoi Azii. Leningrad,
1933.

E08: *Japanese and Their Kin*

This province includes peoples who speak languages of the Japano-Ryukyuan linguistic family.

Japanese (Ed5, cluster 161). P: city and environs of Okayama (35°N, 133°E) in 1950. I: S*.

  Beardsley, R. K., J. W. Hall, and R. E. Ward. Village Japan. Chicago, 1959.

  DeVos, G., and H. Wagatsuma. Value Attitudes Toward Role Behavior of Women in Two Japanese Villages. American Anthropologist 63: 1204–1230. 1961.

Okinawans (Ed7, cluster 162). P: village of Taira (26°N, 128°E) in 1950.

  Maretzki, T. W., and H. Maretzki. Taira: An Okinawan Village. Six Cultures, ed. B. B. Whiting, pp. 360–539. New York, 1963.

E09: *Tungusic Peoples*

This province includes the peoples who speak languages of the Tungusic subfamily of the Altaic linguistic family, including the Koreans, whose precise linguistic status is unclear.

Koreans (Ed1, cluster 160). P: Kanghwa Island (38°N, 126°30'E) in 1947. I: H*.

  Osgood, C. The Koreans and Their Culture. New York, 1951.

Manchu (Ed3, cluster 159). P: Aigun district (50°N, 126°E) in 1915. I: S*.

  Shirokogoroff, S. M. Social Organization of the Manchus. Royal Asiatic Society, North China Branch, Extra Volume 3: 1–196. Shanghai, 1924.

Goldi (Ec9, cluster 158). P: unspecified (47°N, 132°E) in 1930.

  Lattimore, O. The Gold Tribe. Memoirs of the American Anthropological Association 40: 1–77. 1933.

E10: *Mongol Peoples*

This province embraces the peoples who speak languages of the Mongolic subfamily of the Altaic linguistic family.

Khalka Mongols (Eb3, cluster 149). P: Narobanchin territory (47°N, 96°E) in 1920. I: S*.

  Maiskii, I. Sovremennaia Mongolia. Ordelenie, 1921.

  Vreeland, H. H. Mongol Community and Kinship Structure. New Haven, 1954.

Monguor (Eb2, cluster 149). P: unspecified (39°N, 100°E) in 1909. I: H.

  Schram, L. M. J. The Monguors of the Kansu-Tibetan Border. Transactions of the American Philosophical Society, n.s., 44: i, 1–138. 1954.

Moghol (Ea7, cluster 144). P: unspecified (34°N, 63°E) in 1950.

Schurmann, H. F. The Mongols of Afghanistan. 's-Gravenhage, 1962.
Kalmyk (Ci1, cluster 149). P: Baga Dörbed group (46°N, 46°E) in 1920.
   Aberle, D. F. The Kinship System of the Kalmuck Mongols. University of
   New Mexico Publications in Anthropology 8: 1–48. 1953.
   Adelman, F. The Kalmuks of the Lower Volga River and Their Kinship
   Structure. M.A. essay, University of Pennsylvania, 1954.

E11: *Chinese Peoples*

This province includes the peoples who speak languages of the Sinitic
linguistic family.

Chekiang Chinese (Ed15, cluster 164). P: village of Kaihsiengkung (31°N,
   120°E) in 1935.
   Fei, H. Peasant Life in China. New York, 1946.
   Service, E. R. Profiles in Ethnology, pp. 436–465. New York, 1963.
Shantung Chinese (Ed10, cluster 163). P: village of Taitou (39°N, 118°E) in
   1930. I: H.
   Yang, M. C. A Chinese Village. New York, 1945.
Min Chinese (Ed6, cluster 164). P: hinterland of Swatow (24°N, 115°E) in
   1920.
   Kulp, D. H. Country Life in South China. New York, 1925.

E12: *Tibetan Peoples*

This province embraces peoples who speak languages of the Tibetan
subfamily of the Tibeto-Burman linguistic family, which is linked with
Sinitic in a larger speech unit or phylum.

Lepcha (Ee3, cluster 171). P: unspecified (28°N, 89°E) in 1930. I: H, S*.
   Gorer, G. Himalayan Village. London, 1938.
   Morris, J. Living with Lepchas. London, 1938.
Central Tibetans (Ec4, cluster 170). P: unspecified (30°N, 91°E) in 1920.
   I: H.
   Bell, C. The People of Tibet. Oxford, 1928.
   Carrasco, P. Land and Polity in Tibet. Seattle, 1959.
Sherpa (Ee6, cluster 172). P: Khumbu region (28°N, 87°E) in 1950.
   Karan, P. P. Nepal. Lexington, 1960.
   Fürer-Haimendorf, C. von. The Sherpas of Nepal. London, 1964.
Lolo (Ed2, cluster 167). P: Nosu of Liang Shan (29°N, 103°E) in 1940. I: H.
   D'Ollone, H. M. In Forbidden China. Boston, 1912.
   Lin, Y. H. The Lolo of Liang Shan. Shanghai, 1961.
Abor (Ee1, cluster 169). P: unspecified (28°N, 95°E) in 1940.
   Duff-Sutherland-Dunbar, G. Abor and Galong. Memoirs of the Royal Asi-
   atic Society of Bengal 5: Extra Number. 1905.
   Ray, S. Aspects of Padam-Minyang Culture. Shillong, 1960.

E13: *Central Indic Peoples*

This province includes the major peoples of India and Pakistan, who speak languages of the Indic subfamily of the Indo-European linguistic family.

Uttar Pradesh (Ef11, cluster 174). P: village and environs of Senapur (26°N, 83°E) in 1945. I: S*.

> Opler, M. R., and R. D. Singh. The Division of Labor in an Indian Village. A Reader in General Anthropology, ed. C. S. Coon, pp. 464–496. New York, 1954.
>
> Luschinsky, M. S. The Life of Women in a Village of North India. Ph.D. dissertation, Cornell University, 1965.

Bhil (Ef5, cluster 175). P: unspecified (22°N, 74°E) in 1900. I: H.

> Koppers, W. Die Bhil in Zentralindien. Horn-Wien, 1948.

Punjabi (unnumbered, cluster 143). P: village of Mohla (32°30′N, 74°E) in 1950.

> Honigmann, J. J. Woman in West Pakistan. Pakistan, ed. S. Maron, pp. 154–176. New Haven, 1957.
>
> Eglar, Z. S. A Punjabi Village in Pakistan. New York, 1960.

Pahari (Ef7, cluster 174). P: village of Sirkanda (30°N, 78°E) in 1950.

> Berreman, G. D. Pahari Polyandry. American Anthropologist 64: 60–75. 1962.
>
> ———. Hindus of the Himalayas. Berkeley and Los Angeles, 1963.

Gujarati (Ef9, cluster 174). P: unspecified (20°N, 77°E) in 1920. I: H.

> Mukhtyar, G. C. Life and Labour in a Southern Gujarat Village. Studies in Indian Economics, ed. C. N. Vakil 3: 1–304. Calcutta, 1930.
>
> Karve, I. Kinship Terminology and Kinship Usages in Gujarat and Kathiawab. Bulletin of the Deccan College Research Institute 4: 208–226. Poona, 1942–43.

E14: *Peoples of Sri Lanka*

This province includes the peoples of Sri Lanka or Ceylon. They speak languages of the Indic subfamily of the Indo-European linguistic family.

Vedda (Eh4, cluster 183). P: Danigala hunting group (6°N, 80°E) in 1860. I: H.

> Bailey, J. An Account of the Wild Veddahs of Ceylon. Transactions of the Ethnological Society of London 2: 278–320. 1863.
>
> Seligmann, C. G., and B. Z. Seligmann. The Veddas. Cambridge, 1911.

Sinhalese (Eh6, cluster 182). P: Kandyan region (5°N, 80°E) in 1950. I: H*.

> Hayley, F. A. A Treatise on the Laws and Customs of the Sinhalese. Colombo, 1923.
>
> Yalman, N. The Flexibility of Caste Principles in a Kandyan Community. Cambridge Papers in Social Anthropology 2: 78–112. 1960.

E15: *Dravidian Peoples*

This province embraces the peoples who speak languages of the Dravidian linguistic family.

Toda (Eg4, cluster 180). P: tribe as a whole (12°N, 77°E) in 1900. I: H, S*.
Rivers, W. H. R. The Todas. London, 1906.
Emeneau, M. B. Language and Social Forms: A Study of Toda Kinship Terms and Double Descent. Language, Culture and Personality, ed. L. Spier, pp. 158–179. Menasha, 1941.
Gond (Eg3, cluster 177). P: Hill Maria (20°N, 81°E) in 1930. I: H, S*.
Grigson, W. V. The Maria Gond of Bastar. London, 1938.
Telugu (Eg10, cluster 179). P: village of Shamirpet (18°N, 79°E) in 1950. I: H.
Karve, I. Kinship Organization in India. Deccan College Monograph Series 9: 1–304. Poona, 1953.
Dube, S. C. Indian Village. Ithaca, 1955.
Coorg (Eg5, cluster 179). P: unspecified (12°N, 76°E) in 1930.
Emeneau, M. B. Kinship and Marriage Among the Coorgs. Journal of the Royal Asiatic Society of Bengal, Letters 4: 123–147. 1939.
Srinivas, M. N. Religion and Society Among the Coorgs. Oxford, 1952.
Chenchu (Eg1, cluster 178). P: Forest group (16°N, 79°E) in 1940.
Fürer-Haimendorf, C. von. The Chenchus. London, 1943.

E16: *Munda or Kolarian Peoples*

This province includes the peoples who speak languages of the Munda subfamily of the Mon-Khmer linguistic family.

Santal (Ef1, cluster 176). P: Bankura and Birbhum districts (24°N, 87°E) in 1940. I: H*, S*.
Culshaw, W. J. Tribal Heritage. London, 1949.
Datta-Majumder, N. The Santal. Memoirs of the Department of Anthropology, Government of India, 2: 1–150. 1955.
Bhuiya (Eg7, cluster 176). P: Pauri or Hill Bhuiya (22°N, 85°E) in 1930.
Ray, S. C. The Hill Bhuiyas of Orissa. Ranchi, 1935.
Kol (Eg8, cluster 176). P: unspecified (22°N, 85°E) in 1940. I: H.
Griffiths, W. G. The Kol Tribe of Central India. Calcutta, 1946.
Baiga (Eg9, cluster 176). P: unspecified (22°N, 81°E) in 1930.
Elwin, V. The Baiga. London, 1939.

E17: *Central Mon-Khmer Peoples*

This province includes the peoples who speak languages of the Khasi-Nicobarese subfamily of the Mon-Khmer linguistic family.

Lamet (Ej1, cluster 198). P: tribe as a whole (20°N, 101°E) in 1940. I: S*.
Izikowitz, K. G. Lamet. Etnologiska Studier 17: 1–375. Göteborg, 1951.

Needham, R. Alliance and Classification Among the Lamet. Sociologus, n.s., 10: 97–119. 1960.
Nicobarese (Eh5, cluster 185). P: Car Nicobar (9°N, 92°E) in 1885. I: S*.
Man, E. H. The Nicobar Islanders. Journal of the [Royal] Anthropological Institute 18: 354–393. 1888.
Whitehead, G. In the Nicobar Islands. London, 1894.
Khasi (Ei8, cluster 190). P: Jaintia Hills (26°N, 92°E) in 1900. I: H.
Gurdon, P. R. T. The Khasis. London, 1907.
Chattopadhyay, K. P. Khasi Kinship and Social Organization. University of Calcutta Anthropological Papers, n.s., 6: 1–39. 1941.
Lawa (Ej12, cluster 193). P: unspecified (18°N, 98°E) in 1960.
Kunstadter, P. The Lau' (Lawa) of Northern Thailand. Princeton, 1965.
———. Residential and Social Organization of the Lawa. Southwestern Journal of Anthropology 22: 61–84. 1966.

E18: *Tibeto-Burman Peoples of Assam*

This province includes the more northerly of the peoples who speak languages of the Burman subfamily of the Tibeto-Burman linguistic family.

Garo (Ei1, cluster 189). P: Rengsanggri village (26°N, 91°E) in 1955. I: H*, S*.
Playfair, A. The Garos. London, 1909.
Burling, R. Rengsanggri. Philadelphia, 1963.
Ao Naga (Ei14, cluster 191). P: Chongli subtribe (26°30'N, 94°E) in 1920.
Smith, W. C. The Ao Naga Tribe of Assam. London, 1925.
Mills, J. P. The Ao Nagas. London, 1926.
Kachin (Ei5, cluster 192). P: Jingpaw around Bhamo (24°N, 97°E) in 1949. I: H.
Hanson, O. The Kachins. Rangoon, 1913.
Leach, E. R. Political Systems of Highland Burma. Cambridge, 1954.
Angami Naga (Ei13, cluster 191). P: unspecified (26°N, 94°E) in 1910.
Hutton, J. H. The Angami Nagas. London, 1921.
Sema Naga (Ei16, cluster 191). P: unspecified (26°N, 95°E) in 1910.
Hutton, J. H. The Sema Nagas. London, 1921.

E19: *Tibeto-Burman Peoples of Burma*

This province includes the more southerly of the peoples who speak languages of the Burman subfamily of the Tibeto-Burman linguistic family.

Burmese (Ei3, cluster 194). P: village of Nondwin (22°N, 96°E) in 1960. I: H, S*.
Scott, J. G. (Shway Yoe). The Burman: His Life and Notions. London, 1882.

Nash, M. The Golden Road to Modernity. New York, 1965.
Lakher (Ei4, cluster 188). P: tribe as a whole (22°N, 93°E) in 1930.
Parry, N. E. The Lakhers. London, 1932.
Löffler, L. G. Patrilineal Lineation in Transition. Ethnos 1–2: 119–150. 1960.
Karen (Ei7, cluster 195). P: unspecified (17°N, 97°E) in 1910.
McMahon, A. R. The Karens of the Golden Chersonese. London, 1876.
Marshall, H. I. The Karen People of Burma. Columbus, 1922.
Purum (Ei6, cluster 188). P: unspecified (25°N, 94°E) in 1930.
Das, T. C. The Burums. Calcutta, 1945.
Needham, R. A Structural Analysis of Purum Society. American Anthropologist 60: 75—101. 1958.
Akha (Ej7, cluster 197). P: unspecified (21°N, 100°E) in 1940.
Bernatzik, H. A. Akha und Meau. 2v. Innsbruck, 1947.

E20: *Andaman Islanders*

This province includes peoples of Negrito physical type who speak cognate but mutually unintelligible languages of the independent Andaman linguistic family.

Andamanese (Eh1, cluster 186). P: Aka-Bea of South Andaman (12°N, 93°E) in 1860. I: H*, S*.
Man, E. H. On the Aboriginal Inhabitants of the Andaman Islands. London, 1932.
Radcliffe-Brown, A. R. The Andaman Islanders. Cambridge, 1922.

E21: *Thai-Kadai and Miao-Yao Peoples*

This province includes the peoples of Thailand, Laos, and adjacent southern China who speak languages of the independent Thai-Kadai and Miao-Yao linguistic families.

Siamese or Central Thai (Ej9, cluster 196). P: village of Bang Chan (14°N, 101°E) in 1955. I: H*, S*.
Sharp, R. L., H. M. Hauck, K. Janlekha, and R. B. Textor. Siamese Rice Village. Bangkok, 1954.
Phillips, H. P. Thai Peasant Personality. Berkeley, 1965.
Li (Ed9, cluster 165). P: Moi-fau valley (19°N, 109°E) in 1932.
Strübel, H. Die Li-Stämme der Insel Hainan. Berlin, 1937.
Odaka, K. Economic Organization of the Li Tribes. New Haven, 1950.
Miao (Ed4, cluster 166). P: Yachio or Magpie Miao (28°N, 109°E) in 1935.
Graham, D. C. The Customs of the Ch'uan Miao. Journal of the West China Border Research Society 9: 13–60. Shanghai, 1937.
Ruey, Y. F. The Magpie Miao of Southern Szechuan. Viking Fund Publications in Anthropology 29: 143–155. 1960.

E22: *Vietnamese Peoples*

This province includes the peoples who speak languages of the Annam-Muong linguistic family.

Annamese (Ej4, cluster 200). P: Red River delta (20°N, 107°E) in 1930. I: H, S*.
Gourou, P. Les paysans du delta tonkinois. Paris, 1936.
Langrand, G. Vie sociale et religieuse en Annam. Lille, 1945.
Muong (Ej13, cluster 199). P: unspecified (21°N, 105°E) in 1946.
Cusinier, J. Les Mu'ó'ng. Travaux et Mémoires de l'Institut d'Ethnologie, vol. 45. 1946.
Le Bar, F. M., G. C. Hickey, and J. K. Musgrave. Ethnic Groups of Mainland Southeast Asia. New Haven, 1964.

E23: *Cambodian Peoples*

This province embraces the peoples who speak languages of the Khmer subfamily of the Mon-Khmer linguistic family.

Khmer (Ej5, cluster 203). P: city of Angkor, capital of the Khmer kingdom (13°30'N, 104°E) in 1292 A.D.
Chou Ta-kuan. Mémoires sur les coutumes du Cambodge. Transl. P. Pelliot. Bulletin de l'Ecole Française d'Extrême-Orient 2: 123—177. 1902.
Pelliot, P. Œuvres posthumes, v.3. Paris, 1951. (Revised and annotated translation of an account by a Chines envoy who spent over a year in Angkor in 1292.)
Cambodians (Ej5, cluster 203). P: unspecified (13°N, 105°E) in 1900. I: H.
Aymonier, E. Le Cambodge, 3v. Paris, 1901–04.
Porée, G., and E. Maspero. Moeurs et coutumes des Khmers. Paris, 1938.
Mnong Gar (Ej2, cluster 201). P: village of Sar Luk (12°N, 105°E) in 1948.
Condominas, G. Nous avons mangé la forêt. Paris, 1957.
———. Les Mnong Gar du centre Viêt-nam. Viking Fund Publications in Anthropology 29: 15–23. 1960.

E24: *Semang and Sakai*

This province includes the peoples who speak languages of the Semang-Sakai subfamily of the Mon-Khmer linguistic family.

Semang (Ej3, cluster 204). P: Jehai group (5°N, 102°E) in 1920. I: H, S*.
Evans, I. H. N. The Negritos of Malaya. Cambridge, 1937.
Schebesta, P. Die Negrito Asiens. Studia Instituti Anthropos, v. 6, 12, 13. Wien, 1952–57.
Senoi (Ej14, cluster 205). P: eastern Semai (4°N, 102°E) in 1960.
Dentan, R. H. The Semai of West Malaysia. New York, 1967.

E25: *Malay Peoples*

This province includes the peoples of the Southeast Asia mainland who speak languages of the Malayo-Polynesian linguistic family.

Malays (Ej8, cluster 206). P: Trengganu (5°N, 103°E) in 1940.
  Firth, R. Malay Fishermen: Their Peasant Economy. London, 1940.
  Ginsburg, N., and C. F. Roberts. Malays. Seattle, 1946.
Rhade (Ej10, cluster 202). P: village of Ko-sier (13°N, 108°E) in 1960. I: S*.
  Sabatier, L. Recueil des coutumes rhadées du Darlac. Hanoi, 1940.
  Donoghue, J. D., D. D. Whitney, and I. Ishino. People in the Middle. East Lansing, 1962.
Negri Sembilan (Ej16, cluster 206). P: Inas district (3°N, 102°E) in 1958.
  Gulick, J. M. Indigenous Political Systems in Western Malaya. London School of Economics Monographs on Social Anthropology 17: 1–151. 1958.
  Lewis, D. K. The Minangkabau Malay of Negri Sembilan. Ph.D. dissertation, Cornell University, 1962.

CHAPTER FIVE

Peoples of the Insular Pacific

Linguistic criteria, our principal guide in classifying the peoples of other regions of the world into provinces, fail us in the Pacific. Here they serve only to differentiate the five provinces with Australian and so-called Papuan languages from those that speak Malayo-Polynesian, but they offer little help in breaking down the latter into genetic subfamilies or even in segregating language families among the "Papuans." We are consequently forced into a dependence on less satisfactory geographical criteria, a classification by large islands and archipelagos, and, for New Guinea, an arbitrary trisection based on former political divisions. Whereas the terms Polynesian and Australian correspond roughly with linguistic reality, the same cannot be said for Melanesian, Micronesian, and Indonesian.

I01: *Sea Gypsies or Boat People*

This province embraces the so-called Sea Gypsies, who live by fishing and spend their entire life on boats. They inhabit the coastal waters from the Mergui Archipelago in southern Thailand around the shores of Malaya, southern Vietnam, and Borneo to the southernmost Philippines. They are variously called Selung in Thailand, Badjau in Borneo and the Philippines, or simply "the boat people." They are Malayan in language.

Badjau (Ia13, cluster 207). P: Tawi-Tawi Island (5°N, 120°E) in 1963. I: S*.
    Nimmo, H. A. Nomads of the Sulu Sea. Ph.D. dissertation, University of Hawaii, 1964.
    Sopher, D. E. The Sea Nomads. Memoirs of the National Museum of Singapore 5: 1–422. 1965.
Selung or Salon (Ej6, cluster 207). Mergui Archipelago (12°N, 98°E) in 1920.
    Carrapiett, W. J. S. The Salons. Rangoon, 1909.
    White, W. J. S. The Sea Gypsies of Malaya. London, 1922.

102: *Peoples of Sumatra*

The inhabitants of this island speak Malayo-Polynesian languages.

Batak (Ib4, cluster 213). P: Toba group (2°N, 99°E) in 1930.
> Warneck, F. Das Eherecht bei den Toba -Batak. Bijdragen tot de Taal-Land- en Volkenkunde van Nederlandsch-Indië 52: 432–534. 1901.
> Loeb, E. M. Patrilineal and Matrilineal Organization in Sumatra. American Anthropologist 35: 16–50. 1933.

Kubu (Ib8, cluster 216). P: Ridan group (3°S, 103°E) in 1900.
> Hagen, B. Die Orang Kubu auf Sumatra. Veröffentlichungen des Städtischen Völker-Museums 2: 1–269. Frankfurt am Main, 1908.
> Schebesta, P. Orang-Utan. Leipzig, 1928.

Mentaweians (Ib7, cluster 215). P: North Pageh (3°S, 100°E) in 1900.
> Kruyt, A. C. De Mentaweirs. Tijdschrift van de Taal- Land- en Volkenkunde 62: 1–188. 1923.
> Loeb, E. M. Mentaweian Social Organization. American Anthropologist 30: 408–433. 1928.

Minangkabau (Ib6, cluster 214). P: unspecified (1°S, 101°E) in 1920.
> Willinck, G. P. Het rechtsleven bij de Minangkabau Maleiers. Leiden, 1915.
> Josselin de Jong, P. E. de. Minangkabau und Negri Sembilan. The Hague, 1952.

103: *Peoples of Java and the Lesser Sundas*

The peoples of this province speak Malayo-Polynesian languages.

Javanese (Ib2, cluster 217). P: town and environs of Pare (8°S, 112°E) in 1950. I: S*.
> Dewey, A. G. Peasant Marketing in Java. New York, 1962.
> Geertz, C. The Social History of an Indonesian Town. Cambridge, 1965.

Balinese (Ib3, cluster 218). P: village of Tihingan (8°30'S, 115°E) in 1958. I: H, S*.
> Covarrubias, M. The Island of Bali. New York, 1937.
> Geertz, C. Tihingan. Villages in Indonesia, ed. Koentjaraningrat, pp. 210–243. Ithaca, 1967.

Sumbawanese (Ic12, cluster 219). P: village of Rarak (4°S, 118°E) in 1950.
> Goethals, P. R. Rarak: A Swidden Village of West Sumbawa. Villages in Indonesia, ed. Koentjaraningrat, pp. 30–62. Ithaca, 1967.

Ili-Mandiri (Ic7, cluster 222). P: village of Lebola in east Flores (8°S, 123°E) in 1920.
> Vatter, E. Ata Kiwan. Leipzig, 1932.

Sumbanese (Ic9, cluster 219). P: eastern Sumba (10°S, 120°E) in 1930.
> Nooteboom, C. Oost-Soemba. Verhandlingen van de Koninklijk Instituut vor Taal- Land- en Volkenkunde 3: 1–182. 1940.

Ic4:*Peoples of Borneo and Celebes*

The peoples of this province speak Malayo-Polynesian languages.

Iban or Sea Dayak (Ib1, cluster 212). P: Ulu Ai group (2°N, 112°E) in 1950. I: H*, S*.

Gomes, E. H. Seventeen Years Among the Sea Dyaks of Borneo. London, 1911.

Freeman, J. D. The Family System of the Iban. Cambridge Papers in Social Anthropology 1: 15–52. 1958.

Toradja (Ic5, cluster 221). P: Bare'e subgroup (2°S, 121°E) in 1910. I: H*, S*.

Adriani, N., and A. C. Kruijt. De Bare'e-sprekende Toradja's van Midden-Celebes. 3v. Batavia, 1912.

Downs, R. E. The Religion of the Bare'e-speaking Toradja. 's-Gravenhage, 1956.

Macassarese (Ic1, cluster 220). P: unspecified (5°S, 119°E) in 1940.

Chabot, H. T. Verwandtschap, stand en sexe in Zuid-Celebes. Groningen, 1950.

Dusun (Ib5, cluster 212). P: village of Sensuron (6°N, 117°E) in 1950.

Rutter, O. The Pagans of North Borneo. London, 1929.

Williams, T. R. The Dusun. New York, 1965.

I05: *Peoples of Eastern Indonesia*

The peoples of this province speak Malayo-Polynesian languages.

Alorese (Ic2, cluster 223). P: Abui of Alor (8°S, 125°E) in 1938. I: H, S*.

DuBois, C. The People of Alor. Minneapolis, 1944.

Kardiner, A. The Psychological Frontiers of Society, pp. 146–170. New York, 1945.

Tanimbarese (Ic6, cluster 225). P: unspecified (8°S, 131°E) in 1930.

Drabbe, P. Het leven van den Tenémbarees. Internationales Archiv für Ethnographie 38: Supplement, 1–432. 1940.

Belu (Ic3, cluster 224). P: Mountain Belu of Dutch Timor (9°S, 126°E) in 1950.

Vroklage, B.A.G. Ethnographie der Belu in Zentral-Timor. Leiden, 1952.

Ambonese (Ic11, cluster 227). P: village of Allang (4°S, 128°E) in 1950.

Cooley, F. L. Allang. Villages in Indonesia, ed. Koent jaraningrat, pp. 129–156. Ithaca, 1967.

I06: *Peoples of Central and Western Australia*

The peoples of this province speak languages of the Australian linguistic family.

Aranda (Id1, cluster 230). P: vicinity of Alice Springs (24°S, 134°E) in 1896. I: H*, S*.

Strehlow, C. Die Aranda- und Loritja-Stämme. 2v. Frankfurt, 1907–11.

Spencer, B., and F. J. Gillen. The Arunta. 2v. London, 1927.
Walbiri (Id10, cluster 230). P: unspecified (24°S, 132°E) in 1930.
Meggitt, M. J. Desert People. Sydney, 1962.
Dieri (Id4, cluster 230). P: unspecified (28°S, 138°E) in 1900.
Howitt, A. W. The Native Trives of South-East Australia. London, 1904.
Elkin, A. P. Kinship in South Australia. Oceania 8: 419–452. 1940.
Kariera (Id5, cluster 230). P: unspecified (21°S, 118°E) in 1910.
Radcliffe-Brown, A. R. Three Tribes of Western Australia. Journal of the Royal Anthropological Institute 43: 143–194. 1913.
Romney, A. K., and P. J. Epling. A Simplified Model of Kariera Kinship. American Anthropologist 60: 59–74. 1958.

I07: *Peoples of Northern and Eastern Australia*

The peoples of this province speak languages of the Australian linguistic family.

Murngin (Id2, cluster 229). P: Wulamba (12°S, 136°E) in 1930. I: H.
Warner, W. L. A Black Civilization. New York, 1937.
Berndt, R. M., and C. H. Berndt. Arnhem Land. Melbourne, 1954.
Tiwi (Id3, cluster 229). P: tribe as a whole (11°S, 131°E) in 1929. I: H, S*.
Hart, C. W. M., and A. R. Pilling. The Tiwi of North Australia. New York, 1960.
Goodale, J. C. Tiwi Wives. Seattle, 1971.
Wikmunkan (Id6, cluster 233). P: Archer River group (14°S, 142°E) in 1920.
McConnel, U. The Wik-Munkan and Allied Tribes of Cape York Peninsula. Oceania 4: 310–367. 1934.
Needham, R. Genealogy and Category in Wikmunkan Society. Ethnology 1: 223–264. 1962.
Gidjingali (Id11, cluster 229). P: unspecified (12°S, 135°E) in 1950.
Hiatt, L. R. Kinship and Conflict. Canberra, 1965.
Groote Eylandt (Id13, cluster 229). P: unspecified (14°S, 137°E) in 1930.
Rose, F. G. G. Classification of Kin, Age Structure and Marriage Among the Groote Eylandt Aborigines. Berlin, 1960.

I08: *Southeastern Papuans*

This province includes peoples who speak languages belonging to the Papuan linguistic phylum.

Enga (Ie7, cluster 239). P: Mae subtribe (6°S, 144°E) in 1950.
Meggitt, M. J. The Enga of the New Guinea Highlands. Oceania 28: 253–330. 1958.
———. The Lineage System of the Mae Enga. Edinburgh, 1965.
Purari (Ie8, cluster 235). P: unspecified (7°S, 145°E) in 1910.
Williams, F. E. Natives of the Purari Delta. Territory of Papua Anthropological Reports, v.5. 1924.

Maher, R. F. New Men of Papua. Madison, 1961.
Siane (Ie17, cluster 239). P: unspecified (6°S, 145°E) in 1940.
  Salisbury, R. F. From Stone to Steel: Economic Consequences of a Techno-
  logical Change in New Guinea. London and New York, 1962.
Orokaiva (Ie9, cluster 240). P: unspecified (9°S, 148°E) in 1930. I: H, S*.
  Williams F. E. Orokaiva Magic. London, 1928.
  ———. Orokaiva Society. London, 1930.
Koita (Ie20, cluster 234). P: unspecified (9°S, 147°E) in 1900.
  Seligmann, C. G. The Melanesians of British New Guinea. Cambridge,
  1910.
Rossel Islanders (Ig11, cluster 257). P: unspecified (9°S, 154°E) in 1920.
  Armstrong, W. E. Rossel Island. Cambridge, 1928.

I09: *Western Papuans*

This province includes peoples who speak languages belonging to the
Papuan linguistic phylum.

Kapauku (Ie1, cluster 238). P: village of Botukebo (4°S, 136°E) in 1955. I:
  H*, S*.
  Pospisil, L. The Kapauku and Their Law. Yale University Publications in
  Anthropology 54: 1–296. 1958.
  ———. Kapauku Papuan Economy. Yale University Publication in Anthro-
  pology 67: 1–502. 1963.
Kimam (Ie18, cluster 236). P: village of Bamol (7°30'S, 138°30'E) in 1960.
  Serpenti, L. M. Cultivators in the Swamps. Assen, 1965.
Keraki (Ie5, cluster 236). P: tribe as a whole (9°S, 142°E) in 1927.
  Williams, F. E. Papuans of the Trans-Fly. Oxford, 1936.
Marindanim (Ie19, cluster 236). P: coastal people (8°S, 139°E) in 1910.
  Van Baal, J. Dema: Description and Analysis of Marind-anim Culture. The
  Hague, 1966.
Tobelorese (Ic10, cluster 228). P: unspecified (2°N, 128°E) in 1900.
  Riedel, J. G. F. Galela und Tobeloresen. Zeitschrift für Ethnologie 17: 58–
  89. 1885.
  Hueting, A. De Tobeloreezen in hun denken en doen. Bijdragen tot de
  Taal- Land- en Volkenkunde van Nederlandsch-Indië 77: 217–385; 78:
  137–342. 1921.

I10: *Northeastern Papuans*

This province includes peoples who speak languages belonging to the
Papuan linguistic phylum.

Kwoma (Ie12, cluster 241). P: tribe as a whole (4°S, 143°E) in 1930.
  Whiting, J. W. M., and S. W. Reed. Kwoma Culture. Oceania 9: 170–216.
  1938.
  Whiting, J. W. M. Becoming a Kwoma. New Haven, 1941.

Arapesh (Ie3, cluster 241). P: tribe as a whole (4°S, 144°E) in 1930.
   Mead, M. Sex and Temperament in Three Primitive Societies. New York,
   1935.
   ———. The Mountain Arapesh. Anthropological Papers of the American
   Museum of Natural History 36: 139–349; 37: 317–451; 40: 163–419; 41:
   289–390. 1940–49.
Wantoat (Ie2, cluster 240). P: unspecified (7°S, 147°E) in 1920.
   Schmitz, C. A. Beiträge zur Ethnographie des Wantoat Tales. Kölner Eth-
   nologische Mitteilungen 1: 1–211. 1960.
Abelam (Ie15, cluster 241). P: tribe as a whole (4°S, 145°E) in 1930.
   Kaberry, P. M. The Abelam Tribe. Oceania 11: 233–257. 1940.
Siuai (Ig1, cluster 259). P: unspecified (7°S, 155°E) in 1939. I: S*.
   Oliver, D. L. Studies in the Anthropology of Bougainville. Papers of the
   Peabody Museum, Harvard University, v. 29. 1949.
   ———. A Solomon Island Society. Cambridge, 1955.

I11: *Massim Melanesians*

This province includes the peoples in the Massim region and adjacent New Guinea who speak languages of the Malayo-Polynesian linguistic family.

Trobrianders (Ig2, cluster 256). P: island of Kiriwina (9°S, 151°E) in 1914. I:
   H*, S*.
   Malinowski, B. Argonauts of the Western Pacific. London, 1922.
   ———. Coral Gardens and Their Magic. 2v. New York, 1935.
Motu (Ie10, clusters 234). P: village of Hanuabada (9°S, 147°E) in 1954.
   Belshaw, C. S. The Great Village. London, 1957.
   Groves, M. Western Motu Descent Groups. Ethnology 2: 15–30. 1963.
Dobuans (Ig5, cluster 256). P: unspecified (10°S, 151°E) in 1920.
   Fortune, R. F. Sorcerers of Dobu. New York, 1932.
Wogeo (Ie4, cluster 243). P: Wonevaro district (3°S, 144°E) in 1930. I: H, S*.
   Hogbin, H. I. Native Culture of Wogeo. Oceania 5: 308–337. 1933.
   ———. Marriage in Wogeo, New Guinea. Oceania 15: 324–352. 1943.
Dahuni (Ig14, cluster 256). P: unspecified (10°S, 150°E) in 1900.
   Seligmann, C. G. The Melanesians of British New Guinea. Cambridge,
   1910.

I12: *Western Melanesian Peoples*

This province, which is roughly equated with the Bismarck Archipelago, comprises peoples who speak languages of the Malayo-Polynesian linguistic family.

Manus (Ig9, cluster 253). P: village of Peri (2°S, 147°E) in 1929. I: H, S*.
   Fortune, R. F. Manus Religion, Oceania 2: 74–108. 1930.

Mead, M. Kinship in the Admiralty Islands. Anthropological Papers of the American Museum of Natural History 34: 180–358. 1934.
Lesu (Ig4, cluster 254). P: Lesu village in New Ireland (3°S, 153°E) in 1930. I: H.
Powdermaker, H. Vital Statistics in New Ireland. Human Biology 3: 351–375. 1931.
———. Life in Lesu. New York, 1933.
Lakalai (Ig7, cluster 255). P: unspecified (5°S, 151°E) in 1950.
Chowning, A. Lakalai Society. Ph.D. dissertation, University of Pennsylvania, 1957.
Goodenough, W. H. Kindred and Hamlet in Lakalai. Ethnology 1: 5–12. 1962.
Waropen (Ie6, cluster 242). P: unspecified (2°S, 137°E) in 1930.
Held, G. J. Papoea's van Waropen. Leiden, 1947.

I13: *Central Melanesian Peoples*

This province, which is approximately coextensive with the Solomon Islands, comprises peoples who speak languages of the Malayo-Polynesian linguistic family.

Buka (Ig3, cluster 258). P: village of Kurtatchi (5°S, 145°E) in 1930. I: H.
Parkinson, R. Dreissig Jahre in der Südsee. Stuttgart, 1907.
Blackwood, B. Both Sides of Buka Passage. Oxford, 1935.
Ulawans (Ig6, cluster 261). P: unspecified (10°S, 161°E) in 1900.
Ivens, W. G. Melanesians of the South-East Solomon Islands. London, 1927.
Kaoka (Ig20, cluster 261). P: village of Longgu (10°S, 161°E) in 1920.
Hogbin, H. I. A Guadalcanal Society: The Kaoka Speakers. New York, 1920.
Choiseulese (Ig12, cluster 260). P: Varisi (6°S, 156°E) in 1900.
Scheffler, H. W. Choiseul Island Social Structure. Berkeley and Los Angeles, 1965.

I14: *Southern Melanesian Peoples*

This province includes the islands from the Santa Cruz group in the north to New Caledonia in the south. Their inhabitants speak languages of the Malayo-Polynesian linguistic family.

Mota (Ih1, cluster 263). P: unspecified (14°S, 168°E) in 1890.
Codrington, R. H. The Melanesians. Oxford, 1891.
Rivers, W. H. R. The History of Melanesian Society 1: 20–176. Cambridge, 1914.
Ajie or Huailu (Ih5, cluster 268). P: Neje chiefdom (21°S, 166°E) in 1845. I: S*.

Leenhardt, M. Notes d'ethnologie néo-calédonienne. Travaux et Mémoires de l'Institut d'Ethnologie 8: 1–30. 1930.

Guiart, J. L'organisation social et coutumière de la population autochtone. Noumea, 1956.

Seniang (Ih2, cluster 264). P: unspecified (17°S, 167°E) in 1930.

Deacon, A. B. Malekula. London, 1934.

Lifu (Ih7, cluster 267). P: unspecified (21°S, 163°E) in 1910.

Ray, S. The People and Languages of Lifu, Loyalty Islands. Journal of the Royal Anthropological Institute 67: 239–322. 1917.

Hadfield, E. Among the Natives of the Loyalty Group. London, 1920.

I15: *Eastern Melanesian Peoples*

This province, which includes the Fiji Islands and Rotuma, is inhabited by peoples who speak languages of the Malayo-Polynesian linguistic family.

Lau Fijians (Ih4, cluster 269). P: Lau Islands (18°S, 179°E) in 1920. I: H*.

Hocart, A. M. Lau Islands, Fiji. Bulletin of the Bernice P. Bishop Museum 62: 1–240. 1929.

Thompson, A. Southern Lau, Fiji. Bulletin of the Bernice P. Bishop Museum, v. 162. 1940.

Vanua Levu (Ih8, cluster 269). P: village of Nakaroka (17°S, 179°E) in 1940.

Quain, B. Fijian Village. Chicago, 1940.

Rotumans (Ih6, cluster 270). P: unspecified (13°S, 177°E) in 1890.

Gardner, J. S. The Natives of Rotuma. Journal of the Royal Anthropological Institute 27: 396–435, 457–524. 1897.

Russell, E. W. Rotuma. Journal of the Polynesian Society 51: 229–255. 1942.

I16: *Western Polynesian Peoples*

This province includes peoples who speak languages of the Polynesian branch of the Malayo-Polynesian linguistic family.

Samoans (Ii1, cluster 274). P: island of Manua (14°S, 170°W) in 1920. I: H.

Mead, M. Social Organization of Manua. Bulletin of the Bernice P. Bishop Museum 76: 1–218. 1930.

Buck, P. H. Samoan Material Culture. Bulletin of the Bernice P. Bishop Museum 75: 1–724. 1930.

Pukapukans (Ii3, cluster 274). P: Danger Island as a whole (11°S, 166°W) in 1915. I: H.

Macgregor, G. Notes on the Ethnology of Pukapuka. Bernice P. Pishop Occasional Papers 11: vi, 1–52. 1935.

Beaglehole, E., and P. Beaglehole. Ethnology of Pukapuka. Bulletin of the Bernice P. Bishop Museum 150: 1–419. 1938.

Tongans (Ii12, cluster 274). P: village Pangai (20°S, 174°W) in 1920. I: H.

Gifford, E. W. Tongan Society. Bulletin of the Bernice P. Bishop Museum 61: 1–366. 1929.

Beaglehole, E., and P. Beaglehole. Pangai Village. Memoirs of the Polynesian Society 18: 1–145. 1941.

Ellice Islanders (Ii4, cluster 274). P: village of Vaitupu (8°S, 178°E) in 1890.

Kennedy, D. G. Field Notes on the Culture of Vaitupu. Memoirs of the Polynesian Society 9: 1–326. 1931.

White, G. M. Kioa: An Ellice Community in Fiji. Eugene, 1965.

Uveans (Ii13, cluster 274). P: unspecified (13°S, 176°W) in 1930.

Burrows, E. G. Ethnology of Uvea. Bulletin of the Bernice P. Bishop Museum 145: 1–176. 1937.

I17: *Eastern Polynesian Peoples*

This province is inhabited by peoples who speak languages of the Polynesian branch of the Malayo-Polynesian linguistic family.

Marquesans (Ij3, cluster 276). P: Te-i'i chiefdom of southwest Nuku Hiva (9°S, 140°W) in 1800. I: H, S*.

Forster, G. A Voyage Round the World in H.B.M.S. 'Resolution.' v.2. London, 1777.

Handy, E. S. C. The Native Culture in the Marquesas. Bulletin of the Bernice P. Bishop Museum 9: 1–358. 1923.

Tahitians (Ij8, cluster 276). P: island of Tahiti (18°S, 152°W) in 1900.

Henry, T. Old Tahiti. Bulletin of the Bernice P. Bishop Museum 48: 1–651. 1928.

Oliver, D. L. Ancient Tahitian Society. Honolulu, 1974.

Mangarevans (Ij7, cluster 276). P: unspecified (20°S, 134°W) in 1900.

Buck, P. H. Ethnology of Mangareva. Bulletin of the Bernice P. Bishop Museum 117: 1–519. 1938.

Raroians (Ij5, cluster 276). P: unspecified (16°S, 142°W) in 1900.

Danielsson, B. Raroian Culture. Atoll Research Bulletin 32: 1–109. Washington, 1954.

———. Work and Life on Raroia. Uppsala, 1955.

Easter Islanders (Ij9, cluster 276). P: unspecified (27°S, 105°W) in 1860.

Métraux, A. Ethnology of Easter Island. Bulletin of the Bernice P. Bishop Museum 160: 1–432. 1940.

I18: *Southern and Northern Polynesian Peoples*

This province is inhabited by peoples who speak languages of the Polynesian branch of the Malayo-Polynesian linguistic family.

Maori (Ij2, cluster 275). P: Nga Puhi tribe (35°S, 174°E) in 1800. I: H, S*

Best, E. The Maori. 2v. Wellington, 1924.

Reed, A. H., and A. W. Reed. Captain Cook in New Zealand: Extracts from the Journals. Wellington, 1951.

Hawaiians (Ij6, cluster 276). P: unspecified (20°N, 156°W) in 1800.
  Buck P. H. Arts and Crafts of Hawaii. Bishop Museum Special Publication
    45: 1-606. 1957.
  Handy, E. A. C., et al. Ancient Hawaiian Civilization. Rev. edit. Rutland,
    1965.

I19: *Polynesian Outliers*

This province comprises scattered peoples in Melanesia and Microne-
sia whose Polynesian speech indicates a probable return migration
from east to west.

Tikopia (Ii2, cluster 273). P: the island as a unit (12°30′S, 168°30′E) in 1930. I:
    H*, S*.
  Firth, R. We the Tikopia. London, 1936.
  ——. A Primitive Polynesian Economy. London, 1939.
Ontong-Javanese (Ii5, cluster 272). P: unspecified (5°S, 160°E) in 1920.
  Hogbin, H. I. The Social Organization of Ontong Java. Oceania 1: 399-425.
    1931.
  ——. Law and Order in Polynesia. London, 1938.
Kapingamarangi (Ii7, cluster 271). P: the island as a unit (1°N, 155°E) in 1910.
  Eilers, A. Inseln um Ponape. Ergebnisse der Südsee-Expedition 1908-1910,
    ed. G. Thilenius 2, B, 8: 1-464. Hamburg, 1934.
  Emory, K. P. Kapingamarangi. Bulletin of the Bernice P. Bishop Museum
    228: 1-357. 1965.

I20: *Eastern Micronesian Peoples*

This province includes the Gilbert and Marshall Islands. Their inhabi-
tants speak languages of the Malayo-Polynesian linguistic family.

Makin (If14, cluster 251). P: island as a unit (3°30′N, 172°E) in 1890.
  Maude, H. E. The Evolution of the Gilbertese Roti. Journal of the Polyne-
    sian Society, Supplement, Memoirs 35: 1-681. 1963.
  Lambert, B. Fosterage in the Northern Gilbert Islands. Ethnology 3: 232-
    258. 1964.
Nauruans (If13, cluster 249). P: island as a unit (1°S, 135°E) in 1900.
  Hambruch, P. Nauru. Ergebnisse der Südsee-Expedition 1908-10. 2v. Ham-
    burg, 1914—25.
  Wedgwood, C. Report on Research in Nauru Island. Oceania 6: 359-391; 7:
    1-33. 1936.
Majuro (If3, cluster 250). P: the atoll as a unit (7°N, 171°E) in 1940.
  Mason, L. E. The Economic Organization of the Marshall Islands. MS,
    1947.
  Spoehr, A. Majuro. Fieldiana: Anthropology 39: 1-266. 1949.

I21: *Central Micronesian Peoples*

This province includes the Eastern Caroline Islands. Their inhabitants speak closely related languages of the Malayo-Polynesian linguistic family.

Trukese (If2, cluster 247). P: island of Romonum (7°N, 152°E) in 1947. I: H*, S*.

Goodenough, W. H. Property, Kin and Community on Truk. Yale University Publications in Anthropology 46: 1–192. 1951.

Gladwin, T., and S. B. Sarason. Truk: Man in Paradise. Viking Fund Publications in Anthropology 20: 1–655. 1953.

Ponapeans (If5, cluster 248). P: unspecified (7°N, 158°E) in 1910.

Hambruch, P. Ponape. Ergebnisse der Südsee-Expedition, ed. G. Thilenius, II, B, 7: i, 1–386; iii, 1–127. Berlin, 1932–36.

Riesenberg, S. Ponapean Political and Social Organization. MS, 1949.

Woleaians (If4, cluster 247). P: atoll of Ifaluk (7°N, 147°E) in 1940. I: H.

Burrows, E. G., and M. E. Spiro. An Atoll Culture. New Haven, 1953.

Kusaians (If11, cluster 248). P: unspecified (5°N, 163°E) in 1860.

Sarfert, E. Kusae. Ergebnisse der Südsee-Expedition, ed. G. Thilenius. 2v. Hamburg, 1919.

Lamotrek (If16, cluster 247). P: the atoll as a unit (7°N, 146°E) in 1960.

Alkire, W. H. Lamotrek Island and Inter-island Socioeconomic Ties. Illinois Studies in Anthropology 5: 1–180. 1965.

I22: *Western Micronesian Peoples*

This province embraces the Western Caroline and Marianas Islands. Their inhabitants speak sharply differing languages of the Malayo-Polynesian linguistic family.

Yapese (If6, cluster 245). P: unspecified (9°N, 138°E) in 1910. I: H.

Müller, W. Yap. Ergebnisse der Südsee-Expedition 1908–10, ed. G. Thilenius 2, B, 3: 1–380. Hamburg, 1917.

Schneider, D. M. Double Descent on Yap. Journal of the Polynesian Society 71: 1–24. 1962.

Palauans (If1, cluster 244). P: village of Ulimang (7°30′N, 136°E) in 1947. I: S*.

Keate, G. An Account of the Pelew Islands. London, 1788.

Barnett, H. G. Palauan Society. Eugene, 1949.

Chamorro (If8, cluster 246). P: island of Saipan (15°N, 138°E) in 1950.

Joseph, A., and V. F. Murray. Chamorros and Carolineans of Saipan. Cambridge, 1951.

Spoehr, A. Saipan. Fieldiana: Anthropology 41: 1–383. 1954.

I23: *Peoples of the Southern Philippines*

The peoples of this province speak related languages of the Malayo-Polynesian linguistic family.

Hanunoo (Ia5, cluster 211). P: unspecified (13°N, 121°E) in 1950.
  Conklin, H. C. The Relation of Hanunóo Culture to the Plant World. Ph.D. dissertation, Yale University, 1954.
  ———. Hanunóo Agriculture. United Nations Food and Agriculture Organic Forestry Development Paper 12: 1–209. 1957.
Subanun (Ia4, cluster 211). P: eastern Subanun (8°N, 123°E) in 1950.
  Frake, C. O. Social Organization and Shifting Cultivation Among the Sindangan Subanun. Ph.D. dissertation, Yale University, 1960.
  ———. The Eastern Subanun of Mindanao. Viking Fund Publications in Anthropology 29: 51–64. 1960.
Sugbuhanon (Ia12, cluster 210). P: unspecified (10°N, 124°E) in 1950.
  Quijano, I. T. Cebuano-Visayan Kinship Terms. Philippine Magazine 34: 359–360. 1937.
  Hart, D. V. From Pregnancy through Birth in a Bisayan Filipino Village. Southeast Asia Birth Customs, pp. 1–133. New Haven, 1965.
Tagbanua (Ia7, cluster 211). P: unspecified (10°N, 119°E) in 1950.
  Fox, R. B. Religion and Society Among the Tagbanua of Palawan Island. Ph.D. dissertation, University of Chicago, 1954.

I24: *Peoples of the Northern Philippines*

The peoples of this province speak related languages of the Malayo-Polynesian linguistic family.

Ifugao (Ia3, cluster 209). P: Upper Ibulaw River valley (17°N, 121°E) in 1910. I: H*, S*.
  Barton, R. F. Ifugao Law. University of California Publications in American Archaeology and Ethnology 15: 1–186. 1919.
  ———. The Religion of the Igugaos. Memoirs of the American Anthropological Association 65: 1–219. 1946.
Kalinga (Ia16, cluster 209). P: northern Kalinga (18°N, 121°E) in 1959.
  Dozier, E. P. Mountain Arbiters. Tucson, 1966.
  ———. The Kalinga of Northern Luzon. New York, 1967.
Sagada Igorot (Ia2, cluster 209). P: Sagada (17°N, 121°E) in 1950.
  Eggan, F. The Sagada Igorots of Northern Luzon. Viking Fund Publications in Anthropology 20: 24–50. 1960.

I25: *Aboriginal Peoples of Taiwan*

Though the island of Formosa or Taiwan has long been overrun by immigrants from mainland China, a number of tribes still maintain traditional cultures in the mountainous interior of the island. They speak languages of the Malayo-Polynesian linguistic family.

Atayal (Ia1, cluster 208). P: unspecified (24°N, 121°E) in 1930.
  Okada, Y. Atayaru-zoku no Shakai Kosei (Essays Presented to Professor Teizo Toda), pp. 393–433. Tokyo, 1949. (In an unpublished translation.)
  Li, Y. Y. The Atayal of Nan-Ao. Monograph of the Institute of Ethnology, Academia Sinica 5: 1–312. Taipei, 1963. (In Chinese with an English summary.)
Paiwan (Ia6, cluster 208). P: village of Su-Paiwan (22°N, 121°E) in 1930.
  Mabuchi, T. The Aboriginal Peoples of Formosa. Viking Fund Publications in Anthropology 29: 127–140. 1960.
  Shih, L. The Family System of the Paiwan. Bulletin of the Institute of Ethnology, Academia Sinica, 18: 89–112. Taipei, 1964.
Yami (Ia14, cluster 208). P: unspecified (22°N, 122°E) in 1930.
  Kano, T., and K. Segawa. An Illustrated Ethnography of Formosa, v.1: The Yami. Tokyo, 1956.
  Wei, H. L., and P. H. Liu. Social Structure of the Yami. Monograph of the Institute of Ethnology, Academia Sinica, 1: 1–284. Taipei, 1962.
Ami (Ia9, cluster 208). P: southern Ami (22°N, 121°E) in 1930.
  Mabuchi, T. The Aboriginal Peoples of Formosa. Viking Fund Publications in Anthropology 29: 127–140. 1960.
  Wei, H. L. Matri-Clan and Lineage System of the Ami. Bulletin of the Institute of Ethnology, Academia Sinica, 12: 29–40. 1961.

CHAPTER SIX

Peoples of North America

Like the peoples of Africa, the Circum-Mediterranean, and East Asia, but unlike those of the Insular Pacific, the indigenous inhabitants of North America are readily classified into provinces on the basis of linguistic criteria. They differ from other regions in the very limited practice of agriculture, which is confined to roughly two-fifths of its societies. This renders them uniquely helpful in the reconstruction of the cultures of Paleolithic man, to whom agriculture was similarly unknown.

N01: *Western Eskimos*

This province includes peoples who speak divergent languages of the Eskimauan linguistic family.

Aleut (Na9, cluster 277). P: Unalaska branch (55°N, 164°E) in 1824. I: H, S*.
    Veniaminov, I. E. P. Zapiski ob ostrovakh Unalashkinskago otdela. St. Petersburg, 1840.
    Jochelson, W. Ethnology and Anthropology of the Aleut. Washington, 1953.
Nunamiut (Na12, cluster 278). P: Anaktuvuk valley (68°N, 151°W) in 1949.
    Pospisil, L. Law and Societal Structure Among the Nunamiut Eskimo. Explorations in Cultural Anthropology, ed. W. H. Goodenough, pp. 395–431. New York, 1964.
    Gubser, N. G. The Nunamiut Eskimos. New Haven, 1965.
Tareumiut (Na2, cluster 279). P: Point Barrow (71°N, 157°W) in 1880.
    Murdoch, J. Ethnological Results of the Point Barrow Expedition. Annual Report of the Bureau of American Ethnology for 1887–88, 3–441. 1892.
    Spencer, R. F. The North Alaskan Eskimo. Bulletin of the Bureau of American Ethnology 171: 1–490. 1959.
Chugach Eskimo (Na10, cluster 277). P: unspecified (60°N, 147°W) in 1930.
    Birket-Smith, K. The Chugach Eskimo. Nationalmuseets Skrifter, Etnografisk Raekke, 6: 1–262. 1953.
Nunivak Eskimo (Na6, cluster 277). P: unspecified (60°N, 166°W) in 1930.

Lantis, M. The Social Culture of the Nunivak Eskimo. Transactions of the American Philosophical Society 35: 153–323. 1946.

N02: *Central and Eastern Eskimos*

This province comprises peoples who speak mutually intelligible dialects of the Eskimauan linguistic family.

Copper Eskimo (Na3, cluster 279). P: Coronation Gulf (68°N, 113°W) In 1915. I: H*, S*.
    Jenness, D. The Life of the Copper Eskimo. Report of the Canadian Arctic Expedition, 1813–18, v.12. 1922.
    Rasmussen, K. Intellectual Culture of the Copper Eskimo. Report of the Fifth Thule Expedition 9: 1–350. 1932.
Caribou Eskimo (Na21, cluster 278). P: unspecified (63°N, 96°W) in 1900.
    Birket-Smith, K. The Caribou Eskimos. Report of the Fifth Thule Expedition 5: i, 1–306; ii, 1–114. 1929.
    Rasmussen, K. Observations on the Intellectual Culture of the Caribou Eskimos. Report of the Fifth Thule Expedition 7: ii, 1–114. 1930.
Angmagsalik (Na24, cluster 279). P: unspecified (66°N, 37°W) in 1880.
    Holm, G. Ethnological Sketch of the Angmagsalik Eskimo. Meddelelser om Grønland 39: 319–714. 1911.
    Thalbitzer, W. The Ammassalik Eskimo. Meddelelser om Grønland 40: 113–739. 1917–21.
Iglulik (Na22, cluster 279). P: Aivilingmiut and Iglulingmiut (70°N, 82°W) in 1920.
    Rasmussen, K. Intellectual Culture of the Iglulik Eskimos. Report of the Fifth Thule Expedition 7: i, 1–304. 1920.
    Damas, D. Iglulingmiut Kinship and Local Groupings. Bulletin of the National Museum of Canada 196: 1–216. 1964.
Polar Eskimo (Na14, cluster 279). P: the tribe as a unit (78°N, 70°W) in 1880.
    Rasmussen, K. The People of the Polar North. London, 1908.
    Steensby, H. P. Contributions to the Ethnology and Anthropogeography of the Polar Eskimos. Meddelelser om Grønland 34: 253–405. 1910.

N03: *Boreal Algonkians*

This province includes peoples who speak languages of the Algonkian linguistic family.

Saulteaux (Na33, cluster 282). P: Berens River band (52°N, 96°W) in 1930. I: S*.
    Skinner, A. Notes on the Eastern Cree and Northern Saulteaux. Anthropological Papers of the American Museum of Natural History 9: 1, 1–177. 1912.
    Hallowell, A. I. Culture and Experience. Philadelphia, 1955.

Micmac (Na41, cluster 281). P: mainland division (45°N, 63°W) in 1650.
  Denys, N. The Description and Natural History of the Coasts of North America. Publications of the Champlain Society 2: 399–452, 572–606. 1908.
  Le Clercq, C. New Relation of Gaspesia. Publications of the Champlain Society 5: 1–452. 1910.
Cree (Na7, cluster 280). P: Attawapiskat (53°N, 83°W) in 1900.
  Honigmann, J. J. The Social Organization of the Attawapiskat Cree Indians. Anthropos 47: 809–916. 1953.
  ———. The Attawapiskat Swampy Cree. Anthropological Papers of the University of Alaska 5: 23–82. 1956.
Naskapi (Na5, cluster 280). P: northern bands (58°N, 70°W) in 1890. I: H.
  Turner, L. M. Ethnology of the Ungava District. Annual Reports of the Bureau of American Ethnology 11: 267–350. 1890.
  Speck, F. G. Naskapi. Norman, 1935.
Ojibwa (Na37, cluster 282). P: Emo of Rainy River (49°N, 92°W) in 1917. I: H*.
  Landes, R. Ojibwa Sociology. Columbia University Contributions to Anthropology 29: 1–144. 1937.
  ———. The Ojibwa Woman. Columbia University Contributions to Anthropology 31: 1–247. 1938.

N04: *Canadian Athapaskans*

This province includes peoples who speak languages of the Northern subfamily of the Athapaskan linguistic family.

Kaska (Na4, cluster 284). P: Upper Liard group (60°N, 131°W) in 1900. I: H, S*.
  Honigmann, J. J. Culture and Ethos of Kaska Society. Yale University Publications in Anthropology 40: 1–368. 1949.
  ———. The Kaska Indians. Yale University Publications in Anthropology 51: 1–163. 1954.
Chilcotin (Nd8, cluster 311). P: Alexis and Redstone bands (52°N, 132°W) in 1840.
  Morice, A. G. Notes Archaeological, Industrial and Sociological on the Western Dénés. Transactions of the [Royal] Canadian Institute 4: 1–222. 1893.
  Teit, J. A. Notes on the Chilcotin Indians. Memoirs of the American Museum of Natural History 4: 759–789. 1907.
Sarsi (Ne7, cluster 313). P: unspecified (54°N, 110°W) in 1880.
  Jenness, D. The Sarcee Indians of Alberta. Bulletin of the Canada Department of Mines, National Museum of Canada, 90: 1–98. 1938.
  Honigmann, J. J. Notes on Sarsi Kin Behavior. Anthropologica 2: 17–38. 1956.

Slave (Na17, cluster 283). P: Fort Simpson band (62°N, 122°W) in 1940. I: S*.

  Honigmann, J. J. Ethnography and Acculturation of the Fort Nelson Slave. Yale University Publications in Anthropology 33: 1–169. 1946.

  Helm, J. The Lynx Point People. Bulletin of the National Museum of Canada 176: 1–193. 1961.

Carrier (Na19, cluster 284). P: Hwitsowitenne (54°N, 124°W) in 1880.

  Morice, A. G. Notes Archaeological, Industrial and Sociologial on the Western Dénés. Transactions of the [Royal] Canadian Institute 4: 1–222. 1893.

  Jenness, D. The Carrier Indians of the Bulkeley River. Bulletin of the Bureau of American Ethnology 133: 469–586. 1943.

N05: *Alaskan Athapaskans*

This province includes peoples who speak languages of the Northern subfamily of the Athapaskan linguistic family.

Ingalik (Na8, cluster 286). P: village of Shageluk (62°N, 160°W) in 1885. I: S*.

  Osgood, C. Ingalik Material Culture. Yale University Publications in Anthropology 22: 1–500. 1940.

  ———. Ingalik Mental Culture. Yale University Publications in Anthropology 56: 1–195. 1959.

Tanaina (Na26, cluster 287). P: Iliamna (62°N, 131°W) in 1870.

  Osgood, C. Tanaina Culture. American Anthropologist 35: 695–717. 1933.

  ———. The Ethnography of the Tanaina. Yale University Publications in Anthropology 16: 1–229. 1937.

Nabesna (Na1, cluster 287). P: the tribe as a whole (63°N, 141°W) in 1930.

  McKennan, R. A. The Upper Tanana Indians. Yale University Publications in Anthropology 55: 1–223. 1959.

Kutchin (Na20, cluster 285). P: Tatlit of Peel River (66°N, 135°W) in 1880.

  Osgood, C. Contributions to the Ethnography of the Kutchin. Yale University Publications in Anthropology 14: 1–189. 1936.

  Slobodin, R. Band Organization of the Peel River Kutchin. Bulletin of the National Museum of Canada 179: 1–97. 1962.

Tahltan (Na27, cluster 284). P: unspecified (58°N, 131°W) in 1870.

  Emmons, G. T. The Tahltan Indians. University of Pennsylvania Museum Anthropological Publications 4: 1–120. 1911.

  Teit, J. A. Field Notes on the Tahltan and Kaska Indians. Anthropologica 3: 39–171. 1956.

N06: *Peoples of the Northwest Coast*

This province comprises, in the north, peoples who speak independent languages believed remotely cognate with Athapaskan and, in the south, peoples speaking languages of the Wakashan linguistic family.

Haida (Nb1, cluster 288). P: town of Masset (54°N, 132°W) in 1875. I: S*.
    Swanton, J. R. Contributions to the Ethnology of the Haida. Memoirs of
    the American Museum of Natural History 8: 1–300. 1909.
    Murdock, G. P. Rank and Potlatch Among the Haida. Yale University
    Publications in Anthropology 13: 1–20. 1936.
Kwakiutl (Nb3, cluster 290). P: unspecified (51°N, 128°W) in 1890.
    Codere, H. Fighting with Property. Monographs of the American Ethno-
    logical Society 18: 1–143. 1950.
    Boas, F. Kwakiutl Ethnography, ed. H. Codere. Chicago, 1966.
Tlingit (Nb22, cluster 288). P: Chilkat (58°N, 134°W) in 1880. I: H*.
    Krause, A. Die Tlinkit-Indianer. Jena, 1885. (English translation, Seattle,
    1956.)
    Swanton, J. R. Social Condition, Beliefs and Linguistic Relationships of the
    Tlingit Indians. Annual Reports of the Bureau of American Ethnology 26:
    391–485. 1908.
Nootka (Nb11, cluster 291). P: Central Nootka (49°N, 126°W) in 1880. I: H.
    Koppert, V. A. Contributions to Clayoquot Ethnology. Catholic University
    Anthropological Series 1: 1–124. 1930.
    Drucker, P. The Northern and Central Nootkan Tribes. Bulletin of the
    Bureau of American Ethnology 144: 1–480. 1951.
Tsimshian (Nb7, cluster 289). P: unspecified (55°N, 130°W) in 1880.
    Garfield, V. E. Tsimshian Clan and Society. University of Washington Pub-
    lications in Anthropology 7: 167–340. 1939.
    Garfield, V. E., P. S. Wingate, and M. Barbeau. The Tsimshian: Their Arts
    and Music. Publications of the American Ethnological Society 18: 1–290.
    1951.

N07: *Coast Salish Peoples*

This province is composed of peoples who speak languages of the
Salishan linguistic family.

Twana (Nb2, cluster 292). P: the tribe as a unit (47°N, 123°W) in 1860. I: S*.
    Eells, M. Twana Indians of the Skokomish Reservation. Bulletin of the
    United States Geological and Geographical Survey of the Territories 3:
    57–114. 1877.
    Elmendorf, W. W. The Structure of Twana Culture. Washington State Uni-
    versity Research Studies, Monographic Supplement, 2: 1–576. 1960.
Bellacoola (Nb9, cluster 290). P: unspecified (52°N, 127°W) in 1922. I: H, S*.
    Boas, F. The Bilqula. Reports of the British Association for the Advance-
    ment of Science 61: 408–424. 1891.
    McIlwraith, T. F. The Bella Coola Indians. 2v. Toronto, 1948.
Puyallup (Nb17, cluster 292). P: unspecified (47°N, 122°W) in 1870.
    Haeberlin, H. K., and E. Gunther. The Indians of Puget Sound. University
    of Washington Publications in Anthropology 4: 1–83. 1930.

Smith, M. W. The Puyallup-Nisqually. Columbia University Contributions to Anthropology 32: 1–336. 1940.
Stalo or Halkomelem (Nb27, cluster 292). P: Tait (49°N, 122°W) in 1880.
Hill-Tout, C. Ethnological Studies of the Mainland Halkomelem. Reports of the British Association for the Advancement of Science 72: 355–490. 1902.
Duff, W. The Upper Stalo Indians of the Fraser River. British Columbia Provincial Museum, Anthropological Memoirs 1: 1–136. 1952.
Quinault (Nb25, cluster 292). P: unspecified (47°N, 124°W) in 1860.
Willoughby, C. The Indians of the Quinaielt Agency. Annual Reports of the Smithsonian 1886: i, 267–282. 1889.
Olson, R. L. The Quinault Indians. University of Washington Publications in Anthropology 6: 1–190. 1936.

N08: *Peoples of the Oregon Seaboard*

The peoples of this province speak languages that appear to be remote members of the Macro-Algonkian and Macro-Penutian phyla, namely of the Pacific subfamily and the Ritwan family of the former and of the Chinookan and Yakonan families of the latter.

Yurok (Nb4, cluster 295). P: village of Tsurai (41°N, 124°W) in 1850. I: H, S*.
Kroeber, A. L. Handbook of the Indians of California. Bulletin of the Bureau of American Ethnology 78: 1–97. 1925.
Heizer, R. F. and J. E. Mills. The Four Ages of Tsurai. Berkeley, 1952.
Tolowa (Nb6, cluster 299). P: unspecified (42°N, 124°W) in 1870.
DuBois, C. A. Tolowa Notes. American Anthropologist 34: 248–262. 1932.
Drucker, P. The Tolowa and Their Southwest Oregon Kin. University of California Publications in American Archaeology and Ethnology 36: 221–300. 1936.
Alsea (Nb28, cluster 294). P: unspecified (44°N, 124°W) in 1860.
Barnett, H. G. Oregon Coast. Anthropological Records 1: 155–204. 1937.
Drucker, P. Contributions to Alsea Ethnography. University of California Publications in American Archaeology and Ethnology 35: 81–102. 1939.
Sinkyone (Nb39, cluster 295). P: unspecified (40°N, 124°W) in 1860.
Nomland, G. Sinkyone Notes. University of California Publications in American Archeology and Ethnology 36: 149–178. 1935.
Driver, H. E. Northwest California. Anthropological Records 1: 297–433. 1939.
Wishram (Nd18, cluster 293). P: unspecified (46°N, 121°W) in 1860.
Spier, L., and E. Sapir. Wishram Ethnography. University of Washington Publications in Anthropology 3: 151–300. 1930.

N09: *Hokan and Yukian Peoples*

This province includes peoples who speak languages of either the Hokan or the Yukian linguistic families.

Pomo (Nc18, cluster 298). P: Pomo of Clear Lake (39°N, 123°W) in 1850. I: H, S*.

    Gifford, E. W. Clear Lake Pomo Society. University of California Publications in American Archaeology and Ethnology 18: 287–390. 1926.

    Loeb, E. M. Pomo Folkways. University of California Publications in American Archaeology and Ethnology 19: 149–404. 1926.

Shasta (Nb32, cluster 295). P: Eastern Shasta (41°N, 122°W) in 1860.

    Dixon, R. B. The Shasta. Bulletins of the American Museum of Natural History 17: 381–498. 1907.

    Holt, C. Shasta Ethnography. Anthropological Records 3: 299–350. 1946.

Coast Yuki (Nc15, cluster 298). P: unspecified (39°N, 124°W) in 1860.

    Gifford, E. W. The Coast Yuki. Anthropos 34: 292–375. 1939.

    Driver, H. E. Northwest California. Anthropological Records 1: 297–433. 1939.

Yana (Nc11, cluster 296). P: unspecified (41°N, 122°W) in 1860.

    Gifford, E. W., and S. Klimek. Yana. University of California Publications in American Archaeology and Ethnology 37: 71–100. 1936.

    Sapir, E., and L. Spier. Notes on the Culture of the Yana. Anthropological Records 3: 239–298. 1943.

Atsugewi (Nc4, cluster 296). P: unspecified (41°N, 121°W) in 1860.

    Voegelin, E. W. Northeast California. Anthropological Records 7: 47–251. 1942.

    Garth, T. R. Atsugewi Ethnography. Anthropological Records 14: 129–212. 1953.

N10: *Penutian Peoples*

This province includes peoples who speak languages of the Penutian linguistic family together with the neighboring but linguistically isolated Washo tribe.

Yokuts (Nc3, cluster 299. P: northern foothills (36°N, 120°W) in 1850.

    Gayton, A. H. Yokuts-Mono Chiefs and Shamans. University of California Publications in American Archaeology and Ethnology 24: 361–420. 1930.

    ———. Yokuts and Western Mono Ethnography. Anthropological Records 10: 1–302. 1948.

Maidu (Nc12, cluster 297). P: Mountain Maidu (40°N, 121°W) in 1850.

    Dixon, R. B. The Northern Maidu. Bulletins of the American Museum of Natural History 17: 119–346. 1905.

    Voegelin, E. W. Northeast California. Anthropological Records 7: 47–251. 1942.

Wintu (Nc14, cluster 297). P: Northeastern Wintu (41°N, 122°W) in 1860.

    DuBois, C. Wintu Ethnography. University of California Publications in American Archaeology and Ethnology 26: 1–148. 1935.

    Voegelin, E. W. Northeast California. Anthropological Records 7: 47–251. 1942.

Miwok (Nc5, cluster 299). P: Central Sierra group (38°N, 120°W) in 1850.
  Gifford, E. W. Miwok Moieties. University of California Publications in American Archaeology and Ethnology 12: 139–194. 1916.
  Barrett, S. A., and E. W. Gifford. Miwok Material Culture. Bulletins of the Public Museum of the City of Milwaukee 2: 117–276. 1933.
Washo (Nd6, cluster 303). P: unspecified (39°N, 120°W) in 1850.
  Lowie, R. H. Ethnographic Notes on the Washo. University of California Publications in American Archaeology and Ethnology 36: 301–352. 1939.
  Downs, J. F. The Two Worlds of the Washo. New York, 1966.

N11: *Southern Shoshoneans*

This province encompasses the southern tier of the societies which speak languages of the Shoshonean subfamily of the Uto-Aztecan linguistic family.

Ute (Nd2, cluster 307). P: Wimonuntci (38°N, 109°W) in 1860.
  Lowie, R. H. Notes on Shoshonean Ethnography. Anthropological Papers of the American Museum of Natural History 20: 185–314. 1924.
  Opler, M. K. The Southern Ute of Colorado. Acculturation in Seven American Indian Tribes, ed. R. Linton, pp. 119–203. New York, 1940.
Tubatulabal (Nc2, cluster 300). P: tribe as a whole (36°N, 118°W) in 1850. I: H.
  Gifford, E. W. Tübatulabal and Kawaiisu Kinship Terms. University of California Publications in American Archaeology and Ethnology 12: 219–248. 1917.
  Voegelin, E. W. Tübatulabal Ethnography. Anthropological Records 2: 1–84. 1938.
Kaibab (Nd53, cluster 305). P: unspecified (36°N, 113°W) in 1850.
  Kelly, I. T. Southern Paiute Ethnography. Salt Lake City, 1938.
  Stewart, O. C. Ute—Southern Paiute. Anthropological Records 6: 231–360. 1942.
Mono (Nd30, cluster 304). P: Eastern Mono (37°N, 118°W) in 1860.
  Steward, J. H. Ethnography of the Owens Valley Paiute. University of California Publications in American Archaeology and Ethnology 33: 233–350. 1933.
  Driver, H. A. Southern Sierra Nevada. Anthropological Records 1: 53–154. 1937.
Luiseno (Nc33, cluster 301). P: unspecified (33°N, 117°W) in 1860.
  Sparkman, P. S. The Culture of the Luiseño Indians. University of California Publications in American Archaeology and Ethnology 8: 187–234. 1908.
  White, R. C. Luiseno Social Organization. University of California Publications in American Archaeology and Ethnology 48: 91–194. 1963.
Comanche (Ne3, cluster 316). P: unspecified (33°N, 100°W) in 1870.

Hoebel, E. A. The Political Organization and Law-Ways of the Comanche Indians. Memoirs of the American Anthropological Association 54: 1–149. 1940.
Wallace, E., and E. A. Hoebel. The Comanches. Norman, 1952.

N12: *Northern Shoshoneans*

This province encompasses the northern tier of the societies which speak languages of the Shoshonean subfamily of the Uto-Aztecan linguistic family.

Wadadika or Harney Valley Paiute (Nd22, cluster 304). P: band as a unit (43°N, 119°W) in 1870. I: S*.
Stewart, O. C. Northern Paiute. Anthropological Records 4: 361–446. 1941.
Whiting, B. B. Paiute Sorcery. Viking Fund Publications in Anthropology 15: 1–110. 1950.
Agaiduka or Lemhi River Shoshoni (Nd46, cluster 304). P: unspecified (44°N, 112°W) in 1860.
Lowie, R. H. The Northern Shoshone. Anthropological Papers of the American Museum of Natural History 2: 169–306. 1908.
Steward, J. H. Basin-Plateau Aboriginal Sociopolitical Groups. Bulletins of the Bureau of American Ethnology 120: 1–346. 1938.
Kuyuidokado or Pyramid Lake Paiute (Nd27, cluster 304). P: band as a unit (40°N, 119°W) in 1860.
Lowie, R. H. Notes on Shoshonean Ethnography. Anthropological Papers of the American Museum of Natural History 20: 185–314. 1924.
Park, W. Z. Shamanism in Western North America. Northwestern University Studies in the Social Sciences 2: 1–166. 1938.
Wind River Shoshoni (Nd64, cluster 307). P: Kucundika (43°N, 109°W) in 1860.
Lowie, R. H. Notes on Shoshonean Ethnography. Anthropological Papers of the American Museum of Natural History 20: 185–314. 1924.
Murphy, R. F., and Y. Murphy. Shoshone-Bannock Subsistence and Society. Anthropological Records 16: 293–338. 1960.
Gosiute (Nd48, cluster 304). P: Deep Creek (40°N, 114°W) in 1860.
Steward, J. H. The Northern and Gosiute Shoshoni. Anthropological Records 8: 203–392. 1943.
Malouf, C. The Gosiute Indians. University of Utah Anthropological Papers 3: 34–42. 1950.

N13: *Sahaptin Peoples*

This province comprises the peoples who speak languages of the Sahaptin linguistic family.

Klamath (Nc8, cluster 308). P: unspecified (43°N, 122°W) in 1860. I: H*.

Spier, L. Klamath Ethnography. University of California Publications in American Archaeology and Ethnography 30: 1–328. 1930.
Stern, T. The Klamath Tribe. Seattle, 1965.
Nez Perce (Nd20, cluster 309). P: Idaho bands (46°N, 116°W) in 1860.
Spinden, H. J. The Nez Percé Indians. Memoirs of the American Anthropological Association 2: 165–274. 1908.,
Walker, D. E. Conflict and Schism in Nez Perce Acculturation. Pullman, 1968.
Modoc (Nc9, cluster 308). P: unspecified (42°N, 122°W) in 1860.
Voegelin, E. W. Northeast California. Anthropological Records 7: 47–251. 1942.
Ray, V. F. Primitive Pragmatists: The Modoc Indians. Seattle, 1963.
Umatilla (Nd19, cluster 309). P: unspecified (46°N, 119°W) in 1860.
Ray, V. F. Cultural Relations in the Plateau of Northwestern America. Publications of the F. W. Hodge Anniversary Publication Fund 3: 1–154. 1939.
———. Plateau. Anthropological Records 8: 99–262. 1942.
Tenino (Nd1, cluster 309). P: tribe as a unit (45°N, 121°W) in 1850.
Murdock, G. P. Social Organization of the Tenino. Miscellanea Paul Rivet 1: 299–312. Mexico, 1958.
———. The Tenino Indians. Ethnology 19: 129–49. 1980.

N14: *Interior Salish Peoples*

This province consists of peoples who speak languages of the Salishan linguistic family, and also includes the linguistically independent Kutenai.

Sanpoil (Nd4, cluster 310). P: unspecified (48°N, 119°W) in 1870. I: H.
Teit, J. A. The Salishan Tribes of the Western Plateaus. Annual Reports of the Bureau of American Ethnology 45: 37–396. 1930.
Ray, V. F. The Sanpoil and Nespelem. University of Washington Publications in Anthropology 5: 1–237. 1932.
Shuswap (Nd11, cluster 311). P: southeastern Shuswap (51°N, 120°) in 1850.
Teit, J. A. The Shuswap. Memoirs of the American Museum of Natural History 4: 447–758. 1909.
Ray, V. F. Plateau. Anthropological Records 8: 99–257. 1942.
Flathead (Nd12, cluster 310). P. unspecified (46°N, 113°W) in 1860.
Teit, J. A. The Salishan Tribes of the Western Plateaus. Annual Reports of the Bureau of American Ethnology 45: 295–396. 1930.
Turney-High, H. H. The Flathead Indians of Montana. Memoirs of the Amerian Anthropological Assciation 48: 1–161. 1937.
Sinkaietk or Southern Okanagon (Nd15, cluster 310). P: unspecified (49°N, 120°W) in 1880.
Cline, W., et al. The Sinkaietk or Southern Okanagon of Washington, ed. L. Spier. General Series in Anthropology 6: 1–262. 1938.

Kutenai (Nd7, cluster 312). P: Lower Kutenai (50°N, 117°W) in 1880. I: S*.
  Chamberlain, A. F. Report on the Kootenay Indians. Reports of the British
  Association for the Advancement of Science 62: 549–614. 1892.
  Turney-High, H. H. Ethnography of the Kutenai. Memoirs of the American
  Anthropological Association 56: 1–202. 1941.

N15: *Plains Algonkians*

This province includes peoples who speak languages of the Algonkian
linguistic family.

Gros Ventre (Ne1, cluster 313). P: tribe as a whole (48°N, 108°W) in 1880. I: H.
  Cooper, J. M. The Gros Ventres of Montana. Catholic University of Amer-
  ica Anthropological Series 16: 1–491. 1947.
  Flannery, R. The Gros Ventres of Montana. Catholic University of America
  Anthropological Series 15: 1–221. 1953.
Cheyenne (Ne5, cluster 316). P: unspecified (39°N, 104°W) in 1860.
  Grinnell, G. B. The Cheyenne Indians. 2v. New Haven, 1923.
  Hoebel, E. A. The Cheyennes. New York, 1960.
Blackfoot (Ne12, cluster 313). P: unspecified (51°N, 112°W) in 1850. I: H*.
  Wissler, C. Material Culture of the Blackfoot Indians. Anthropological Pub-
  lications of the American Museum of Natural History 5: 1–175. 1910.
  ———. The Social Life of the Blackfoot Indians. Anthropological Publica-
  tions of the American Museum of Natural History 7: 1–64. 1912.
Arapaho (Ne9, cluster 316). P: unspecified (40°N, 103°W) in 1860. I: H.
  Kroeber, A. L. The Arapaho. Bulletins of the American Museum of Nat-
  ural History 17: 1–466. 1902–07.
  Hilger, I. Arapaho Child Life and Its Cultural Background. Bulletins of the
  American Museum of Natural History 148: 1–253. 1952.
Plains Cree (Ne19, cluster 314). P: unspecified (53°N, 109°W) in 1870.
  Skinner, A. Notes on the Plains Cree. American Anthropologist 16: 68–87.
  1914.
  Mandelbaum, D. C. The Plains Cree. Anthropological Papers of the Ameri-
  can Museum of Natural History 36: 155–316. 1940.

N16: *Siouan Peoples*

This province includes peoples who speak languages of the Siouan
linguistic family.

Omaha (Nf3, cluster 319). P: unspecified (41°N, 96°W) in 1860. I: H, S*.
  Dorsey, J. O. Omaha Sociology. Annual Reports of the Bureau of Ameri-
  can Ethnology 3: 205–370. 1884.
  Fletcher, A. C., and F. La Flesche. The Omaha Tribe. Annual Reports of
  the Bureau of American Ethnology 27: 17–654. 1911.
Crow (Ne4, cluster 315). P: tribe as a whole (45°N, 108°W) in 1870. I: H, S*.
  Lowie, R. H. The Crow Indians. New York, 1935.
  Denig, E. T. Five Indian Tribes of the Upper Missouri, Norman, 1961.

Assiniboin (Ne11, cluster 314). P: unspecified (48°N, 106°W) in 1870.
  Lowie, R. H. The Assiniboine. Anthropological Publications of the American Museum of Natural History 4: 1–270. 1910.
  Rodnick, D. The Fort Belknap Assiniboine of Montana. New Haven, 1938.
Hidatsa (Ne15, cluster 315). P: village of Hidatsa (47°N, 101°W) in 1860.
  Matthews, W. Ethnography and Philology of the Hidatsa Indians. U.S. Geological and Geographical Survey, Miscellaneous Publication 7: 1–239. 1877.
  Bowers, A. W. Hidatsa Social and Ceremonial Organization. Bulletin of the Bureau of American Ethnology 194: 1–528. 1965.
Winnebago (Nf2, cluster 319). P: unspecified (44°N, 88°W) in 1850.
  Radin, P. The Winnebago Tribe. Annual Reports of the Bureau of American Ethnology 37: 35–560. 1923.
  Michelson, T. Some Notes on Winnebago Social and Political Organization. American Anthropologist 37: 446–449. 1935.

N17: *Caddoan Peoples*

This province comprises peoples who speak languages of the Caddoan linguistic family, and also includes the linguistically independent Kiowa tribe.

Pawnee (Nf6, cluster 318). P: Skidi subtribe (42°N, 100°W) in 1867. I: H*, S*.
  Dorsey, G. A., and J. R. Murie. Notes on Skidi Pawnee Society. Field Museum of Natural History Anthropological Series 27: 67–119. 1940.
  Weltfish, G. The Lost Universe. New York, 1965.
Wichita (Nf5, cluster 317). P: unspecified (34°N, 98°W) in 1860.
  Dorsey, G. A. The Mythology of the Wichita. Washington, 1904.
  Schmitt, K., and I. O. Schmitt. Wichita Kinship Past and Present. Norman, 1953.
Hasinai (Nf8, cluster 317). P: unspecified (31°N, 95°W) in 1770.
  Swanton, J. R. Source Materials on the History and Ethnology of the Caddo Indians. Bulletin of the Bureau of American Ethnology 132: 1–332. 1942.
  Griffith, W. J. The Hasinai Indians of East Texas As Seen by Europeans, 1687–1772. Middle American Research Institute, Tulane University, Philological Doctoral Studies 2: 45–165. 1954.
Arikara (Ne10, cluster 318). P: unspecified (46°N, 101°W) in 1860.
  Gilmore, M. R. Some Notes on Arikara Tribal Organization. Indian Notes 4: 332–350. 1927.
  Macgowan, E. S. The Arikara Indians. Minnesota Archaeologist 8: 83–122. 1942.
Kiowa (Ne17, cluster 316). P: unspecified (36°N, 99°W) in 1860.
  Mooney, J. Calendar History of the Kiowa Indians. Annual Reports of the Bureau of American Ethnology 17: i, 129–445. 1898.
  Richardson, J. Law and Status Among the Kiowa Indians. Memoirs of the American Ethnological Society 1: 1–136. 1940.

N18: *Central Algonkians*

This province includes peoples who speak languages of the Algonkian linguistic family.

Fox (Nf7, cluster 320). P: unspecified (45°N, 95°W) in 1830. I: H.

Tax, S. The Social Organization of the Fox Indians. Social Anthropology of North American Tribes, ed. F. Eggan, pp. 243–282. Chicago, 1937.

Joffe, N. The Fox of Iowa. Acculturation in Seven American Indian Tribes, ed. R. Linton, pp. 259–332. New York, 1940.

Shawnee (Nf13, cluster 320). P: Kiskopotha band (37°N, 85°W) in 1820.

Trowbridge, C. C. Shawnese Traditions, ed. V. Kiniets and E. W. Voegelin. Occasional Contributions from the Museum of Anthropology, University of Michigan 9: 1–71. 1939.

Voegelin, E. W. Mortuary Customs of the Shawnee and Other Eastern Tribes. Indiana Historical Society Prehistory Research Series 2: 227–444. 1944.

Miami (Nf4, cluster 320). P: unspecified (40°N, 86°W) in 1720.

Morgan, L. H. Systems of Consanguinity and Affinity of the Human Family. Smithsonian Contributions to Knowledge 17: 281–382. 1871.

Kinietz, W. V. The Indians of the Western Great Lakes. Occasional Contributions from the Museum of Anthropology, University of Michigan 10: 161–225. 1940.

Menomini (Nf9, cluster 320). P: unspecified (46°N, 88°W) in 1870.

Hoffman, W. J. The Menomini Indians. Annual Reports of the Bureau of American Ethnology 14: i, 11–328. 1893.

Keesing, F. N. The Menomini Indians of Wisconsin. Memoirs of the American Philosophical Society 10: 1–261. 1939.

Chippewa (Na36, cluster 282). P: Red Lake and White Earth bands (49°N, 96°W) in 1860.

Densmore, F. Chippewa Customs. Bulletin of the Bureau of American Ethnology 86: 1–204. 1929.

Hilger, I. Chippewa Child Life and Its Cultural Background. Bulletin of the Bureau of American Ethnology 146: 1–218. 1951.

N19: *Iroquoian Peoples*

This province includes the peoples who speak languages of the Iroquoian linguistic family, as well as the culturally influenced Algonkian Delaware tribe.

Iroquois (Ng10, cluster 321). P: Seneca tribe (43°N, 77°W) in 1750. I: H*.

Lafitau, J. F. Moeurs des sauvages amériquains, comparées aux moeurs des primiers temps. 2v. Paris, 1724.

Morgan, L. H. League of the Ho-Dé-No-Sau-Nee or Iroquois, ed. H. M. Lloyd. 2v. New York, 1901.

Huron (Ng1, cluster 321). P: Bear and Cord subtribes (44°N, 78°W) in 1634.
I: S*.
   Kinietz, W. V. The Indians of the Western Great Lakes 1615–1760. Occa-
   sional Contributions from the Museum of Anthropology of the University
   of Michigan 10: 1–427. 1940.
   Tooker, E. An Ethnography of the Huron Indians, 1615–1649. Bulletin of
   the Bureau of American Ethnology 190: 1–183. 1964.
Cherokee (Ng5, cluster 323). P: Kituhwa speakers (35°N, 83°W) in 1750.
   Gilbert, W. R. Eastern Cherokee Social Organization. Social Organization
   of North American Tribes, ed. F. Eggan, pp. 285–338. Chicago, 1937.
   Gearing, F. Priests and Warriors. Memoirs of the American Anthropologi-
   cal Association 92: 1–124. 1962.
Delaware (Ng6, cluster 322). P: Unami subtribe (41°N, 75°W) in 1740. I: H.
   Heckewelder, J. An Account of the History, Manners and Customs of the
   Indian Nations. Transactions of the Historical and Literary Committee of
   the American Philosophical Society 1: 1–348. 1819.
   Newcomb, W. W. The Culture and Acculturation of the Delaware Indians.
   Anthropology Papers of the University of Michigan Museum of Anthro-
   pology 10: 1–141. 1946.

N20: *Muskogean Peoples*

This province includes peoples who speak languages of the Muskogean
linguistic family, as well as the linguistically independent Yuchi tribe.

Creek (Ng3, cluster 324). P: Upper Creek in Alabama (34°N, 86°W) in 1800. I:
H, S*.
   Swanton, J. R. Social Organization and Social Usages of the Indians of the
   Creek Confederacy. Annual Reports of the Bureau of American Ethnol-
   ogy 42: 23–900. 1928.
   ———. The Indians of the Southeastern United States. Bulletin of the
   Bureau of American Ethnology 137: 1–943. 1946.
Choctaw (Ng12, cluster 324). P: unspecified (33°N, 88°W) in 1760.
   Swanton, J. R. Source Material for the Social and Ceremonial Life of the
   Choctaw Indians. Bulletin of the Bureau of American Ethnology 103: 1–
   282. 1931.
   ———. The Indians of the Southeastern United States. Bulletin of the
   Bureau of Amerian Ethnology 137: 1–943. 1946.
Natchez (Ng7, cluster 325). P: tribe as a unit (32°N, 91°W) in 1718.
   Dumont de Montigny. Memoires historiques sur la Louisiane, ed. Le Mas-
   crier. 2v. Paris, 1753.
   Swanton, J. R. Indian Tribes of the Lower Mississippi Valley. Bulletin of
   the Bureau of American Ethnology 43: 1–387. 1911.
Timucua (Ng8, cluster 324). P: unspecified (27°N, 82°W) in 1560.
   Ehrmann, W. W. The Timucua Indians of Sixteenth Century Florida.
   Florida Historical Quarterly 18: 168–191. 1940.

Swanton, J. R. Early History of the Creek Indians and Their Neighbors. Bulletin of the Bureau of American Ethnology 73: 320–380. 1942.
Yuchi (Ng11, cluster 323). P: unspecified (35°N, 86°W) in 1750.
Speck, F. G. Ethnology of the Yuchi Indians. Anthropological Publications of the University of Pennsylvania Museum 1: 1–154. 1909.
Swanton, J. R. The Indians of the Southeastern United States. Bulletin of the Bureau of American Ethnology 137: 1–943. 1946.

N21: *Southern Athapaskan Peoples*

This province comprises peoples who speak languages of the Southern subfamily of the Athapaskan linguistic family.

Navaho (Nh3, cluster 331). P: vicinity of Ramah (35°N, 108°30′W) in 1940. I: H.
Kluckhohn, C., and D. Leighton. The Navaho. Cambridge, 1946.
Leighton, D. C., and C. Kluckhohn. Children of the People. Cambridge, 1947.
Chiricahua (Nh1, cluster 327). P: Central band (32°N, 109°W) in 1870.
Opler, M. E. An Outline of Chiricahua Apache Social Organization. Social Organization of North American Tribes, ed. F. Eggan, pp. 173–243. Chicago, 1937.
———. An Apache Life-Way. Chicago, 1941.
Jicarilla (Nh16, cluster 327). P: unspecified (36°N, 104°W) in 1870.
Opler, M. E. A Summary of Jicarilla Apache Culture. American Anthropologist 30: 202–223. 1937.
———. Childhood and Youth in Jicarilla Apache Society. Publications of the F. W. Hodge Anniversary Publication Fund 5: 1–170. 1946.
Western Apache (Nh17, cluster 331). P: unspecified (34°N, 110°W) in 1870.
Goodwin, G. The Social Organization of the Western Apache. Chicago, 1942.
Kaut, C. R. The Western Apache Clan System. University of New Mexico Publications in Anthropology 9: 1–99. 1957.
Kiowa-Apache (Ne2, cluster 316). P: the band as a unit (36°N, 99°W) in 1870.
McAllister, J. G. Kiowa-Apache Social Organization. Social Anthropology of North American Tribes, ed. F. Eggan, pp. 97–169. Chicago, 1937.
Brant, C. S. The Cultural Position of the Kiowa-Apache. Southwestern Journal of Anthropology 5: 56–61. 1949.

N22: *Pueblo Peoples*

This province consists of peoples who are united by sedentary life in pueblos despite the diverse languages they speak: Keresan, Tanoan, Zunian, and, in the case of the Hopi, Shoshonean.

Zuni (Nh4, cluster 330). P: the one pueblo of Zuni (35°N, 109°W) in 1880. I: H, S*.

Stevenson, M. C. The Zuni Indians. Annual Reports of the Bureau of American Ethnology 23: 1–634. 1903.
Smith, W., and J. M. Roberts. Zuni Law. Papers of the Peabody Museum, Harvard University, 43: i, 1–175. 1954.
Hopi (Nh18, cluster 330). P: Oraibi (36°N, 111°W) in 1920. I: H*.
Titiev, M. Old Oraibi. Papers of the Peabody Museum, Harvard University, 22: i, 1–273. 1944.
Eggan, F. Social Organization of the Western Pueblos, pp. 17–138. Chicago, 1950.
Tewa (Nh11, cluster 328). P: San Ildefonso (36°N, 106°W) in 1910.
Harrington, J. P. The Ethnogeography of the Tewa Indians. Annual Reports of the Bureau of American Ethnology 29: 29–618. 1916.
Whitman, W. The Pueblo of San Ildefonso. Columbia University Contributions to Anthropology 34: 1–164. 1947.
Santa Ana (Nh12, cluster 329). P: the pueblo as a unit (35°N, 107°W) in 1920.
Gifford, E. W. Apache-Pueblo. Anthropological Records 4: 1–207. 1940.
White, L. A. The Pueblo of Santa Ana. Memoirs of the American Anthropologial Association 60: 1–360. 1942.
Jemez (Nh8, cluster 329). P: the pueblo as a unit (36°N, 107°W) in 1920.
Parsons, E. C. The Pueblo of Jemez. New Haven, 1925.
Hawley, F. H. A Reconstruction of the Basic Jemez Pattern of Social Organization. University of New Mexico Publications in Anthropology 11: 1–69. 1964.

N23: *Yuman Peoples*

This province comprises the peoples who speak languages of the Yuman subfamily of the Hokan linguistic family.

Havasupai (Nd3, cluster 306). P: the tribe as a unit (36°N, 112°W) in 1918. I: H, S*.
Spier, L. Havasupai Ethnography. Anthropological Papers of the American Museum of Natural History 24: 81–408. 1928.
Smithson, C. L. The Havasupai Woman. Department of Anthropology, University of Utah, Anthropological Papers 38: 1–170. 1959.
Diegueno (Nc6, cluster 302). P: Southern Diegueno (32°N, 116°W) in 1850.
Spier, L. Southern Diegueno Customs. University of California Publications in American Archaeology and Ethnology 20: 297–358. 1923.
Luomala, K. Flexibility in Sib Affiliation Among the Diegueno. Ethnology 2: 282–301. 1963.
Maricopa (Nh5, cluster 332). P: unspecified (33°N, 113°W) in 1850. I: H.
Spier, L. Yuman Tribes of the Gila River. Chicago, 1933.
Drucker, P. Yuman-Piman. Anthropological Records 3: 91–230. 1941.
Walapai (Nd65, cluster 306). P: unspecified (36°N, 114°W) in 1870.
Kniffen, F. G., et al. Walapai Ethnography, ed. A. L. Kroeber. Memoirs of the American Anthropological Association 42: 1–295. 1935.

Drucker, P. Yuman-Piman, Anthropological Records 6: 91–230. 1941.
Yuma (Nh22, cluster 332). P: unspecified (33°N, 114°W) in 1860.
  Forde, C. D. Ethnography of the Yuma Indians. University of California
    Publications in American Archaeology and Ethnology 28: 83–278. 1931.
  Halpern, A. M. Yuma Kinship Terms. American Anthropologist 44: 425–
    441. 1942.

N24: *Uto-Aztecan Peoples of Mexico*

This province embraces the peoples who speak languages of the Na-
huatlan, Piman, and Taracahitian families of the Uto-Aztecan linguis-
tic phylum.

Aztec (Nj2, cluster 341). P: city and environs of Tenochtitlan (19°N, 99°W) in
    1520. I: H, S*.
  Sahagun, B. de. Florentine Codex, ed. A. J. O. Anderson and C. F.
    Dibble. Monographs of the School of American Research 14 (in 7 parts).
    Santa Fe, 1950–57.
  Soustelle, J. Daily Life of the Aztecs. New York, 1961. New York, 1961.
Tarahumara (Ni1, cluster 336). P: village of Batopilas (27°N, 108°W) in 1930.
    I: H*.
  Bennett, W. C., and R. M. Zingg. The Tarahumara. Chicago, 1935.
  Fried, J. Ideal Norms and Social Control in Tarahumara Society. Ph.D.
    dissertation, Yale University, 1951.
Papago (Ni2, cluster 333). P: Archie division (32°N, 112°W) in 1910. I: H.
  Lumholtz, C. New Trails in Mexico. New York: 1912.
  Underhill, R. M. Papago Indian Religion. Columbia University Contribu-
    tions to Anthropology 33: 1–359. 1946.
Huichol (Ni3, cluster 337). P: unspecified (22°N, 105°W) in 1890.
  Lumholtz, C. Unknown Mexico. 2v. New York, 1902.
  Zingg, R. M. The Huichols: Primitive Artists. University of Denver Contri-
    butions to Ethnography 1: 1–862. 1938.
Pima (Ni6, cluster 333). P: unspecified (31°N, 111°W) in 1840.
  Russell, F. The Pima Indians. Annual Reports of the Bureau of American
    Ethnology 26: 3–390. 1908.
  Castetter, E. F., and W. H. Bell. Pima and Papago Agriculture. Albu-
    querque, 1942.

N25: *Peoples of South Central Mexico*

This province includes a melange of peoples north of the Isthmus of
Tehuantepec who speak languages of diverse linguistic families: Chi-
nantecan, Mixtecan, Mizocuavean, Oto-Manguean, and Zapotecan.

Mixe (Nj7, cluster 344). P: Ayutla (17°N, 95°W) in 1930.
  Beals, R. L. Ethnology of the Western Mixe. University of California Publi-
    cations in American Archaeology and Ethnology 42: 1–176. 1945.

Chinantec (Nj1, cluster 343). P: Ojitlan (18°N, 96°W) in 1940.
  Weitlaner, R. J. Notes on the Social Organization of Ojitlan. Homenaje a
    Don Algonso Caso, pp. 441–455. Mexico, 1951.
  Weitlaner, R. J., and C.A. Castro Guevara. Papeles de la Chinantla. Mex-
    ico, 1954.
Zapotec (Nj10, cluster 345). P: village of Yalagag (17°N, 96°W) in 1940.
  Parsons, E. C. Mitla. Chicago, 1936.
  Fuente, J. de la. Yalagag: Una villa zapoteca serrana. Mexico, 1940.
Popoluca (Nj3, cluster 344). P: town and environs of Soteapan (18°N, 95°W) in
    1940. I: H, S*.
  Foster, G. M. A Primitive Mexican Economy. Monographs of the American
    Ethnological Society 5: 1–115. 1942.
  ———. Sierra Popoluca Folklore and Beliefs. University of California Pub-
    lications in American Archaeology and Ethnology 42: 177–250. 1945.

CHAPTER SEVEN

Peoples of Central and South America

The isthmus of Tehuantepec serves as a useful border to separate the peoples of North America from those of Central and South America. Considerably less ethnographic effort has been expended on the southern than on the northern continent of the New World, but the principles of classification remain essentially the same, despite the somewhat greater mobility made possible by the great river systems of the Amazon and the Orinoco. Both regions produced higher civilizations, but only in very restricted areas, and in neither case did they survive European contact.

S01: *Mayan Peoples*

This province is composed of peoples who speak languages of the Mayan linguistic family.

Quiche (Sa13, cluster 347). P: town of Chichicastenango (15°N, 91°W) in 1930. I: S*.
  Schultze-Jena, L. Indiana: 1: Leben, Glaube und Sprach der Quiché von Guatemala. Jena, 1933.
  Bunzel, R. Chichicastenango: A Guatemalan Village. Publications of the American Ethnological Society 22: 1–438. 1952.
Yucatec Maya (Sa6, cluster 346). P: unspecified (18°N, 90°W) in 1520. I: H.
  Tozzer, A. M., ed. Landa's Relación de las cosas de Yucatan. Papers of the Peabody Museum, Harvard University, 18: 1–394. 1941.
  Roys, R. L. The Indian Background of Colonial Yucatan. Carnegie Institute of Washington Publicatons 548: 1–244. 1943.
Pokomam (Sa17, cluster 347). P: village of Chinantla (15°H, 91°W) in 1950.
  Reina, R. E. The Law and the Saints: A Pokomam Pueblo and Its Community Culture. Indianapolis, 1966.
Chorti (Sa3, cluster 346). P: unspecified (14°N, 89°W) in 1930.
  Wisdom, C. The Chorti Indians of Guatemala. Chicago, 1940.

S02: *Peoples of Cental America*

This province includes peoples in Central America who speak languages affiliated with linguistic families other than Mayan and Chibchan.

Miskito (Sa9, cluster 349). P: near Cape Gracias á Dios (15°N, 83°W) in 1921. I: H, S*.

Conzemius, E. Ethnographic Survey of the Miskito and Sumu Indians. Bulletin of the Bureau of American Ethnology 106: 1–191. 1932.

Helms, M. W. Asang. Gainesville, 1971.

Choco (Sa4, cluster 352). P: Choco in Panama (8°N, 78°W) in 1960.

Reichel-Dolmatoff, G. Notas etnográficas sobre los Indios del Choco. Revista Colombiana de Antropologia 9: 74–158. 1960.

Faron, L. C. Marriage, Residence and Domestic Group Among the Panamanian Choco. Ethnology 1: 13–38. 1962.

S03: *Chibchan Peoples*

This province embraces peoples who speak languages of the Chibchan linguistic family.

Cuna (Sa1, cluster 351). P: San Blas Archipelago (9°N, 78°W) in 1927. I: H*, S*.

Nordenskiöld, E. An Historical and Ethnological Survey of the Cuna Indians, ed. H. Wassén. Comparative Ethnographical Studies 10: 1–686. Göteborg, 1938.

Stout, D. C. San Blas Cuna Acculturation. Viking Fund Publications in Anthropology 9: 1–124. 1947.

Cagaba (Sb2, cluster 355). P: between the San Francisco and San Miguel rivers (11°N, 74°W) in 1946. I: H.

Preuss, K. T. Forschungsreise zu den Kagaba. Wien, 1926.

Reichel-Dolmatoff, G. Los Kogi. 2v. Bogota, 1949–50.

Cayapa (Sf3, cluster 384). P: basin of Rio Cayapas (1°N, 79°W) in 1908.

Barrett, S.A. The Cayapa Indians of Ecuador. Indian Notes and Monographs 40: 1–476. 1925.

Altschuler, M. The Cayapa: A Study in Legal Behavior. Ph.D. dissertation, University of Minnesota, 1965.

Talamanca (Sa5, cluster 350). P: Bribri tribe (9°N, 83°W) in 1917. I: H.

Skinner, A. Notes on the Bribri of Costa Rica. Indian Notes and Monographs 6: 37–106. 1920.

Stone, D. The Talamancan Tribes of Costa Rica. Papers of the Peabody Musuem, Harvard University, 43: ii, 1–108. 1962.

Tunebo (Sf4, cluster 381). P: unspecified (7°N, 72°W) in 1950.

Wilbert, J. Zur Sozialstruktur der Tunebo. Antropológica 10: 39–53. 1960.

Rochereau, H. J. Los Tunebos. Revista Colombiana de Antropología 10: 37–120. 1961.

S04: *Northern Arawakan Peoples*

This province includes peoples in northern South America who speak languages of the Arawakan linguistic family.

Goajiro (Sb6, cluster 356). P: tribe as a whole (12°N, 72°W) in 1947. I: H, S*.

Gutierrez de Pineda, V. Organización social en la Guajiro. Revista del Instituto Etnológico Nacional 3: ii, 1–255. Bogota, 1948.

Pineda Giraldo, R. Aspectos de la magia en la Guajiro. Revista del Instituto Etnológico Nacional 3: i, 1–164. 1950.

Taino (Sb8, cluster 353). P: unspecified (19°N, 75°W) in 1920.

Rouse, I. The Arawak. Bulletin of the Bureau of American Ethnology 143: iv, 507–546. 1948.

Paraujano (Sb5, cluster 357). P: unspecified (11°N, 72°W) in 1950.

Jahn A. Paraujanos und Goajiros und die Pfahlbauten am See von Maracaibo. Zeitschrift für Ethnologie 46: 267–283. 1914.

Wilbert, J. Zur Soziologie der Paraujano. Zeitschrift für Ethnologie 84: 81–87. 1959.

Curipaco (Sc9, cluster 362). P: unspecified (5°N, 67°W) in 1950.

Wilbert, J. Nachrichten über die Curipaco. Etnologica, n.s., 2: 508–521. Köln, 1960.

———. Indios de la región Orinoco-Ventuari. Caracas, 1963.

S05: *Northern Cariban Peoples*

This province comprises peoples who speak languages of the Cariban linguistic family.

Callinago (Sb1, cluster 354). P: island of Dominica (15°N, 61°W) in 1650. I: H.

Breton, R. Observations of the Island Carib. Auxerre, 1665.

Taylor, D. The Caribs of Dominica. Bulletin of the Bureau of American Ethnology 119: 103–159. 1938.

Black Carib (Sa7, cluster 354). P: unspecified (16°N, 89°W) in 1940.

Taylor, D. M. The Black Carib of British Honduras. Viking Fund Publications in Anthropology 17: 1–176. 1951.

Solien, N. L. Changes in Black Carib Kinship Terminology. Southwestern Journal of Anthropology 16: 144–159. 1960.

Yupa (Sb7, cluster 358). P: Pariri (9°N, 72°W) in 1950.

Wilbert, J. Zur Kenntnis der Pariri. Archiv für Völkerkunde 15: 80–153. 1961.

Carinya (Sb4, cluster 366). P: Cachama (9°N, 64°W) in 1950.

Schwerin, K. H. Oil and Steel: Processes of Karinya Culture Change in Response to Industrial Development. Latin American Studies 4: 1–273. Los Angeles, 1966.

S06: *Peoples of the Orinoco Plain*

This province embraces peoples who speak languages belonging to independent and distinct linguistic families.

Warrau (Sc1, cluster 367). P: Winikina (9°N, 62°W) in 1935. I: H, S*.
  Turrado Moreno, A. Etnografía de los Indio Guaraunos. Caracas, 1945.
  Wilbert, J. Die soziale und politische Organisation der Warrau. Kölner Zeitschrift für Soziologie und Sozialpsychologie, n.s., 10: 272–291. 1958.
Yaruro (Sc2, cluster 360). P: unspecified (7°N, 68°W) in 1950.
  Leeds, A. Unpublished field notes. 1950.

S07: *Eastern Arawakan Peoples*

This province includes peoples who speak languages of the Arawakan linguistic family.

Wapishana (Sc5, cluster 362). P: unspecified (6°N, 66°W) in 1900.
  Farabee, W. C. The Central Arawaks. University of Pennsylvania Museum Anthropological Publications 9: 13–121. 1918.
Locono (Sc10, cluster 368). P: unspecified (6°N, 57°W) in 1900.
  Coll, C. van. Gegevens over land en volk von Suriname. Bijdragen tot de Taal- Land- en Volkenkunde van Nederlandsch-Indië 55: 451–640. 1903.
  Goeje, C. H. Beiträge zur Völkerkunde von Suriname. Internationales Archiv für Ethnographie 19: 1–28. 1910.
Palikur (Sd3, cluster 370). P: unspecified (3°N, 52°W) in 1920.
  Nimuendajú, C. Die Palikur-Indianer und ihre Nachbarn. Göteborgs Kungl. Vetenskaps- och Vitterhets-Samhalles Handlingar, ser. 4, 31: ii, 1–144. 1926.

S08: *Bush Negro Peoples*

This province comprises descendants of African slaves who escaped into the bush in the seventeenth century and thereafter led an independent life. They speak a creolized language which is probably basically Portuguese but has strong elements of vocabulary derived from the Kwa subfamily of Niger-Congo as well as from English and Dutch.

Djuka (Sc6, cluster 369). P: Akwa on the Morini River (5°N, 55°W) in 1928. I: H.
  Kahn, M. C. Djuka: The Bush Negroes of Dutch Guiana. New York, 1931.
  Herskovits, M. J., and F. S. Herskovits. Rebel Destiny. New York, 1934.

S09: *Eastern Cariban Peoples*

This province includes peoples who speak languages of the Cariban linguistic family.

Carib (Sc3, cluster 366). P: along the Barama River (7°N, 60°W) in 1932.

Gillin, J. The Barama River Caribs of British Guiana. Papers of the Peabody Museum, Harvard University, 14: ii, 1–274. 1936.
———. Tribes of the Guianas. Bulletin of the Bureau of American Ethnology 143: iii, 799–860. 1948.
Panare (Sc13, cluster 363). P: unspecified (6°N, 66°W) in 1950.
Riley, C. L. Notes on the Panare Indians of Venezuela. Papers of the Kroeber Anthropological Society 10: 10–24. 1954.
Wilbert, J. Aspectos sociales de la cultura Panare. Antropológica 7: 47–62. 1959.
Waiwai (Sd7, cluster 366). P: unspecified (1°N, 59°W) in 1950.
Fock, N. Waiwai: Religion and Society of an Amazonian Tribe. Nationalmuseets Skrifter, Etnografisk Raekke 8: 1–316. Copenhagen, 1963.
Yabarana (Sc7, cluster 363). P: unspecified (5°N, 66°W) in 1927.
Wilbert, J. Zur Kenntnis der Yabarana. Antropológica, Supplementband 1: 1–72. 1959.
———. Indios de la región Orinoco-Ventuari. Caracas, 1963.
Yekuana (Sc16, cluster 363). P: Makitare (3°N, 65°W) in 1920.
Koch-Grünberg, T. Vom Roroima zum Orinoco 3: 250–355. Stuttgart, 1923.
Barandiaran, D. de. Actividades vitales de subsistencia de los Indios Yekuana o Makitare, Antropológica 11: 1–29. 1962.

S10: *Marginal Peoples of Venezuela*

This province includes peoples of the Yanoaman and other independent linguistic families in southern Venezuela and adjacent Brazil.

Yanomamo (Sd9, cluster 364). P: Shamatari subtribe (2°N, 65°W) in 1965. I: H*.
Chagnon, N. A. Yanomamö Warfare, Social Organization and Marriage Alliances. Ph.D. dissertation, University of Michigan, 1966.
———. Yanomamö, the Fierce People. New York, 1968.
Guahibo (Sc4, cluster 359). P: seminomadic groups (5°N, 69°W) in 1950.
Wilbert, J. Notes on Guahibo Kinship and Social Organization. Southwestern Journal of Anthropology 13: 88–98. 1957.
———. Indios de la región Orinoco-Ventuari. Caracas, 1963.
Shiriana (Sd6, cluster 365). P: unspecified (4°N, 65°W) in 1960.
Migliazza, E. Notas sobre a organizacão social dos Xiriâna do Rio Uraricaá. Boletim do Museo Paraense Emilio Goeldi, n.s., 22: 1–22. 1964.
Waica (Sd4, cluster 363). P: unspecified (2°N, 65°W) in 1950.
Barker, J. Memoria sobre la cultura de los Guaika. Boletin Indigenista Venezolana 1: 433–489. 1953.
Zerries, O. Los Indios Guaika y su situación cultural. Boletin Indigenista Venezolana 2: 61–74. 1954.
Piaroa (Sc8, cluster 361). P: unspecified (5°N, 67°W) in 1950.
Wilbert, J. Datos antropológicos de los Indios Piaroa. Memorias de la Societa de Ciencias Naturales LaSalle 18: 155–183. 1958.
———. Indios de la región Orinoco-Ventuari. Caracas, 1963.

S11: *Northwest Amazonian Peoples*

This province comprises peoples of different linguistic families, including Betoyan, Peban, Tucunan, and Witotan.

Tucano (Se5, cluster 378). P: Cubeo tribe (1°N, 71°W) in 1940. I: H*, S*.
  Fulop, M. Notas sobre los terminos Y el sistema de parentesco de los Tukano. Revista Colombiana de Antropología 4: 121–165. 1955.
  Goldman, I. The Cubeo. Illinois Studies in Anthropology 2: 1–305. 1963.
Tucuna (Se2, cluster 376). P: unspecified (3°S, 70°W) in 1940. I: H.
  Nimuendajú, C. The Tukuna. University of California Publications in American Archaeology and Ethnology 45: 1–209. 1952.
Yagua (Se4, cluster 377). P: unspecified (3°S, 72°W) in 1940.
  Fejos, P. Ethnography of the Yagua. Viking Fund Publications in Anthropology 1: 1–144. 1943.
Witoto (Se6, cluster 379). P: unspecified (1°S, 74°W) in 1910.
  Whiffen, T. The North-West Amazons. London, 1915.
  Tessman, G. Die Indianer Nordost-Perus. Hamburg, 1930.

S12: *Sub-Andean Peoples*

This province comprises linguistically diverse peoples; the Jivaro constitute the isolated Jivaran family, whereas the Campa belong to the Arawakan linguistic family.

Jivaro (Se3, cluster 380). P: unspecified (4°S, 78°W) in 1930. I: H, S*.
  Karsten, R. The Head-Hunters of Western Amazonas. Societas Scientiarum Fennica, Commentationes Humanarum Litterarum 7: 1–588. Helsingfors, 1935.
  Horner, M. J. Machetes, Shotguns and Society: An Inquiry into the Social Impact of Technological Change Among the Jivaro Indians. Ph.D. dissertation, University of Michigan, 1962.
Campa (Sf7, cluster 385). P: unspecified (8°S, 75°W) in 1930.
  Steward, J. H., and A. Métraux. Tribes of the Peruvian and Ecuadorian Montaña. Bulletin of the Bureau of American Ethnology 143: iii, 535–551. 1948.
  Craig, A. K. Brief Ethnology of the Campa Indians. América Indigena 27: 223–235. 1967.

S13: *Andean Peoples*

This province includes peoples who speak languages of the Kechumaran or Quechua-Aymara linguistic family.

Inca (Sf1, cluster 386). P: city and environs of Cuzco (13°30′S, 72°W) in 1530. I: H, S*.
  Cieza de León, P. de. Parte primera de la crónica del Perú. Antwerp, 1554.

Rowe, J. H. Inca Culture at the Time of the Spanish Conquest. Bulletin of the Bureau of American Ethnology 143: ii, 183–330. 1946.
Aymara (Sf2, cluster 387). P: community of Chucuito in Peru (16°S, 66°W) in 1940. I: H*, S*.
Tschopik, H. The Aymara. Bulletin of the Bureau of American Ethnology 143: ii, 501–573. 1946.
———. The Aymara of Chucuito, Peru. Anthropological Papers of the American Museum of Natural History 44: 137–308. 1951.

S14: *Panoan Peoples*

This province comprises peoples who speak languages of the Panoan linguistic family.

Amahuaca (Se8, cluster 374). P: on upper Inuya River (10°S, 72°W) in 1960. I: S*.
Carneiro, R. L. The Amahuaca and the Spirit World. Ethnology 3: 6–11. 1962.
Huxley, M., and C. Capa. Farewell to Eden. New York, 1964.
Chacobo (Se11, cluster 374). P: unspecified (12°S, 67°W) in 1960.
Prost, M. D. Material Culture and Life Cycle of the Chacobo. MS, 1965.
Conibo (Se9, cluster 374). P: unspecified (9°S, 74°W) in 1920.
St. Cricq. Indiens Conibos. Bulletin de la Société de Géographie, ser. 5, 6: 273–295. Paris, 1853.
Steward, J. H., and A. Métraux. The Panoan Tribes of Eastern Peru. Bulletin of the Bureau of American Ethnology 143: iii, 555–595. 1948.

S15: *Inland Tupian Peoples*

This province includes peoples who speak languages of the Tupian subfamily of the Tupi-Guarani linguistic family.

Siriono (Se1, cluster 373). P: vicinity of the Rio Blanco (15°S, 63°W) in 1942. I: H, S*.
Lunardi, F. I Siriono. Archivio per l'Antropologia e l'Etnologia 68: 178–223. 1938.
Holmberg, A. R. Nomads of the Long Bow. Publications of the Institute of Social Anthropology, Smithsonian Institution, 10: 1–104. 1950.
Mundurucu (Sd1, cluster 372). P: village of Cabrua (6°S, 57°W) in 1950. I: H, S*.
Tocantins, A. M. G. Estudos sobre a tribu "Mundurucú." Revista Trimensal do Instituto Historico, Geographico et Ethnographico do Brasil 40: ii, 73–161. 1877.
Murphy, R. H. Headhunter's Heritage. Berkeley and Los Angeles, 1960.
Tenetehara (Sj6, cluster 371). P: Guajajara subgroup (3°S, 46°W) in 1941.
Snethlage, E. H. Unter Nordostbrasilianischen Indianern. Zeitschrift für Ethnologie 62: 111–205. 1930.

Wagley, C. The Tenetehara Indians of Brazil. Columbia University Contributions to Anthropology 35: 1–200. 1949.
Camayura (Si5, cluster 403). P: unspecified (12°S, 54°W) in 1940. I: H.
Oberg, K. Indian Tribes of Northern Mato Grosso. Publications of the Institute of Social Anthropology, Smithsonian Institution, 15: 1–144. 1953.
Tapirape (Sd2, cluster 371). P: unspecified (11°S, 52°W) in 1930. I: H.
Wagley, C. Tapirape Shamanism. Boletim do Museu Nacional, n.s., Antropologia 3: 41–94. 1943.
Wagley, C., and E. Galvão. The Tapirapé. Bulletin of the Bureau of American Ethnology 143: iii, 167–178. 1948.

S16: *Ge Peoples*

This province embraces the peoples who speak languages of the Ge linguistic family.

Timbira (Sj4, cluster 408). P: Ramcocamecra or Canella (7°S, 45°W) in 1915. I: H, S*.
Nimuendajú, C. The Eastern Timbira. University of California Publications in American Archaeology and Ethnology 41: 1–357. 1946.
Crocker, W. H. The Canela since Nimuendajú. Anthropological Quarterly 23: 69–84. 1961.
Shavante (Sj11, cluster 406). P: village of Saõ Domingos (14°S, 52°W) in 1950.
Maybury-Lewis, D. Akwĕ-Shavante Society. Oxford, 1967.
Coroa (Sj9, cluster 407). P: village of Gorotire (8°S, 52°W) in 1957.
Nimuendajú, C. Os Gorotire. Revista do Museu Paulista, n.s., 6: 427–453. 1952.
Dreyfus, S. Les Kayapo du nord. Paris and The Hague, 1963.
Apinaye (Sj7, cluster 407). P: unspecified (6°S, 49°W) in 1920.
Nimuendajú, C. The Apinayé. Catholic University Anthropological Series 8: 1–189. 1939.
Maybury-Lewis, D. Parallel Descent and the Apinayé Anomaly. Southwestern Journal of Anthropology 16: 191–216. 1960.
Sherente (Sj2, cluster 406). P: unspecified (9°S, 48°W) in 1850.
Nimuendajú, C. The Serente. Publications of the F. W. Hodge Anniverary Publication Fund 4: 1–106. 1942.

S17: *Guarani and Coastal Tupi Peoples*

This province includes peoples who speak languages of the Tupi-Guarani linguistic family.

Tupinamba (Sj8, cluster 412). P: hinterland of Rio de Janiero (23°S, 43°W) in 1550. I: H, S*.
Thevet, A. Les singularitez de la France antarctique, ed. P. Gaffarel. Paris, 1878.

Staden, H. The True Story of His Captivity, ed. M. Totts. London, 1928.
Cayua (Sj10, cluster 409). P: southern Mato Grosso and adjacent Paraguay (24°S, 55°W) in 1890. I: H.
Rengger, J. R. Reise nach Paraguay in den Jahren 1818 bis 1828. Aarau, 1835.
Watson, J. B. Cayuá Culture Change. Memoirs of the American Anthropological Association 73: 1–144. 1952.

S18: *Botocudo and Caingang Peoples*

This province embraces the nonagricultural peoples of southeastern Brazil, notably the Aweikoma of the Caingang linguistic family and the Botocudo of the Botocudan family.

Aweikoma (Sj3, cluster 410). P: Duque de Caxias Reservation (28°S, 50°W) in 1932. I: H, S*.
Paula, J. M. de. Memoria sobre os Botocudos do Paraná e Santa Catharina. Proceedings of the International Congress of Americanists 20: i, 117–138. 1924.
Henry, J. Jungle People. New York, 1941.
Botocudo (Sj5, cluster 411). P: Naknenuk subtribe (19°S, 42°W) in 1884.
Ehrenreich, P. Ueber die Botocudos der brasilianischen Provinzen Espiritu Santo und Minas Geraes. Zeitschrift für Ethnologie 19: 1–46, 49–82. 1887.
Manizer, H. H. Les Botocudos d'après les observations recueilliés pendant un séjour chez eux en 1915. Arquivos do Museu Nacional 22: 241–273. Rio de Janeiro, 1919.

S19: *Peoples of South Central Brazil*

This province includes peoples of the isolated Carajan and Trumaian linguistic families.

Caraja (Sj1, cluster 405). P: west bank of Araguaya River (12°S, 51°W) in 1908. I: H, S*.
Krause, F. In den Wildnissen Brasiliens. Leipzig, 1911.
Lipkind, W. The Carajá. Bulletins of the Bureau of American Ethnology 143: iii, 179–191. 1948.
Trumai (Si2, cluster 404). P: village of Vanivani (12°S, 54°W) in 1938. I: H.
Murphy, R. F., and B. Quain. The Trumai Indians of Central Brazil. Monographs of the American Ethnological Society 24: 1–108. 1955.

S20: *Peoples of Mato Grosso*

This province includes people who speak languages of the Bororan and Cariban linguistic families, as well as the linguistically isolated Nambicuara.

Nambicuara (Si4, cluster 399). P: Cocozu (13°S, 59°W) in 1940. I: H.
  Lévi-Strauss, L. La vie familiale et sociale des Indiens Nambikwara. Journal
    de la Société des Américanistes de Paris 37: 1–131. 1948.
  Oberg, K. Indian Tribes of Northern Mato Grosso. Publications of the
    Institute of Social Anthropology, Smithsonian Institution, 15: 82–105.
    1953.
Bacairi (Si3, cluster 402). P: unspecified (14°S, 55°W) in 1940. I: H.
  Oberg, K. The Bacairí of Northern Mato Grosso. Southwestern Journal of
    Anthropology 4: 305–319. 1948.
  ———. Indian Tribes of Northern Mato Grosso. Publications of the Insti-
    tute of Social Anthropology, Smithsonian Institution, 15: 1–144. 1953.
Bororo (Si1, cluster 401). P: village of Kejara (16°S, 55°W) in 1936. I: H*, S*.
  Frič, V. A., and Paul Radin. Contributions to the Study of the Bororo
    Indians. Journal of the Royal Anthropological Institute 36: 382–406. 1906.
  Lévi-Strauss, C. Contribution à l'étude de l'organisation sociale des Indiens
    Bororo. Journal de la Société des Américanistes de Paris 28: 269–304.
    1936.
Kuikuru (Si10, cluster 402). P: unspecified (13°S, 54°W) in 1950.
  Carneiro, R., and G. E. Dole. La cultura de los Indios Kuikurus. Runa:
    Archivio para las Ciencias del Hombre 8: 169–202. Buenos Aires, 1957.
  Dole, G. E. Ownership and Exchange Among the Kuikuru Indians. Revista
    do Museu Paulista, n.s., 10: 125–133. 1958.
Umotina (Si8, cluster 401). P: unspecified (15°S, 57°W) in 1940.
  Oberg, K. Indian Tribes of Northern Mato Grosso. Publications of the
    Institute of Social Anthropology, Smithsonian Institution, 15: 1–144.
    1953.

S21: *Peoples of the Paraguayan Chaco*

This province includes peoples of distinct and mutually unrelated lin-
guistic families, including Arawakan, Mascoian, and Zamucuan.

Lengua (Sh9, cluster 393). P: unspecified (23°S, 50°W) in 1890. I: S*.
  Hawtrey, S. H. C. The Lengua Indians. Journal of the Royal Anthropologi-
    cal Institute 31: 280–299. 1901.
  Grubb, W. B. An Unknown People in an Unknown Land. London, 1911.
Chamacoco (Sh6, cluster 396). P: unspecified (20°S, 59°W) in 1890.
  Boggiani, G. I Ciamacoco. Roma, 1894.
  Baldus, H. Indianerstudien im nordöstlichen Chaco. Forschungen in
    Völkerpsychologie und Soziologie 9: 1–230. Leipzig, 1931.
Terena (Sh2, cluster 397). P: unspecified (21°S, 58°W) in 1850. I: H.
  Oberg, K. Terena Social Organization and Law. American Anthropologist
    50: 283–289. 1948.
  ———. The Terena and Caduveo of Southern Mato Grosso. Publications of
    the Institute of Social Anthropology, Smithsonian Institution 15: 1–144.
    1953.

Guato (Si6, cluster 398). P: unspecified (39°S, 58°W) in 1900.
Schmidt, M. Indianerstudien in Zentralbrasilien. Berlin, 1905.
———. Resultados de mi tercera expedición a los Guatos. Revista de la
Sociedad Científica de Paraguay 5: vi, 41–75. 1942.

S22: *Guaycuran Peoples*

This province includes peoples who speak languages of the Macro-
Guaycuran linguistic phylum.

Toba (Sh8, cluster 392). P: Toba in Argentina (25°S, 90°W) in 1930. I: H.
Karsten, R. Indian Tribes of the Argentine and Bolivian Chaco. Societas
Scientiarum Fennica, Commentationes Humanarum Literarum 4: i, 1–
236. Helsingfors, 1932.
Miller, E. S. Toba Kin Terms. Ethnology 5: 194–201. 1966.
Mataco (Sh1, cluster 394). P: unspecified (24S̃, 63°W) in 1890. I: H.
Pelleschi, J. Los Indios Matacos y su lengua. Boletin del Instituto
Geográfico de Argentina 17: 559–622; 18: 173–350. 1896.
Karsten, R. Indian Tribes of the Argentine and Bolivian Chaco. Societas
Scientiarum Fennica, Commentationes Humanarum Litterarum 4: i, 1–
236. 1932.
Abipon (Sh3, cluster 392). P: unspecified (29°S, 61°W) in 1800. I: H.
Dobrizhoffer, M. An Account of the Abipones. London, 1822.
Métraux, A. Ethnography of the Chaco. Bulletin of the Bureau of Ameri-
can Ethnology 143: i, 197–370. 1946.
Choroti (Sh5, cluster 394). P: unspecified (22°S, 62°W) in 1910.
Nordenskiöld, E. An Ethnographical Analysis of the Material Culture of
Two Indian Tribes in the Gran Chaco. Comparative Ethnographic
Studies, v.1. Göteborg, 1919.
Rosen, E. von. Ethnographical Research Work During the Swedish Chaco-
Cordillera Expedition. Stockholm, 1924.
Caduveo (Sh4, cluster 392). P: unspecified (22°S, 57°W) in 1940.
Oberg, K. The Terena and Caduveo of Southern Mato Grosso. Publications
of the Institute of Social Anthropology, Smithsonian Institution, 9: 1–72.
1949.

S23: *Araucanian Peoples*

This province consists of peoples who speak languages of the Araucan-
ian linguistic family.

Mapuche (Sg2, cluster 388). P: vicinity of Temuco (39°S, 73°W) in 1880. I:
H, S*.
Faron, L. C. Mapuche Social Structure. Illinois Studies in Anthropology 1:
1–247. 1961.
———. Hawks of the Sun. Pittsburgh, 1964.

S24: *Patagonian Peoples*

This province embraces peoples who speak languages of the Tehuel-chean linguistic family.

Tehuelche (Sg4, cluster 391). P: unspecified (45°S, 68°W) in 1870. I: H, S*.
  Viedma, A. de. Descripción de la costa meridional del sur. Coleción de obras y documentos relativos á la historia antigua y moderna de las provincias del Rio de la Plata, ed. P. de Angelis, 6: 63–81. Buenos Aires, 1837.
  Musters, G. C. At Home with the Patagonians. London, 1871.
Ona (Sg3, cluster 391). Shelknam division (54°S, 70°W) in 1885. I: H*.
  Cooper, J. M. Analytical and Critical Bibliography of the Tribes of Tierra del Fuego and Adjacent Territory. Bulletin of the Bureau of American Ethnology 63: 1–243. 1917.
  Gusinde, M. Die Feuerland-Indianer 1: Die Selk'nam. Mödling bei Wien, 1931.

S25: *Fuegian Peoples*

This province includes two distinct peoples whose languages belong to separate and independent linguistic families.

Yahgan (Sg1, cluster 390). P: unspecified (55°S, 70°W) in 1865. I: H, S*.
  Lothrop, S. K. The Indians of Tierra del Fuego. Contributions from the Museum of the American Indian, Heye Foundation 10: 1–244. 1928.
  Gusinde, M. Die Feuerland-Indianer 2: Yamana. Mödling bei Wien, 1937.
Alacaluf (Sg5, cluster 389). P: southern bands (52°W, 73°W) in 1830.
  Fitz-Roy, R. Proceedings of the Second Expedition, 1831–1836. London, 1839.
  Gusinde, M. Die Feuerland-Indianer 3: Die Halakwulup. Mödling bei Wien, 1974.

CHAPTER EIGHT

Codes

Various items of ethnographic information on the 563 societies covered in this volume will be presented in codified or symbolic form in the next chapter. The task of the present chapter is to define the symbols in an intelligible manner. Separate columns are devoted to particular subjects. Absence of dependable information on any item is indicated by a period (.) in the appropriate position in the tables. The symbols used in the several columns, consisting in every case of numbers and/or letters, are defined below.

Column 1: Identification. Each society bears an identifying number, consisting of a capital letter followed by two digits and a lowercase letter. The capitals denote the six major ethnographic regions, as follows:

A   Africa, exclusive of the northern and northeastern portions of the continent.
C   Circum-Mediterranean, including North Africa, Europe, and the Near East.
E   East Asia, exclusive of the Near East, Indonesia, and the Philippines.
I   Insular Pacific, embracing Australia and all the islands of Oceania.
N   North America, including the indigenous societies of this continent as far south as the Isthmus of Tehuantepec.
S   South America, including the Antilles, Yucatan, and Central America.

The digits, from 01 to 25, denote the twenty-five provinces into which each region is divided, usually on linguistic grounds, to assure a relative time depth for each of well in excess of one thousand years. The lowercase letters distinguish the societies of a province from one another.

Column 3: Name of Society. The name is that by which the society is most commonly known.

Column 7: Subsistence Economy. A set of five digits indicates the estimated relative dependence of the society on each of the five major types of subsistence activity. The first digit refers to the collection of wild plants and small land fauna; the second to hunting, including trapping and fowling; the third to fishing, including shellfishing and the pursuit of large aquatic animals; the fourth to animal husbandry; the fifth to agriculture. The symbols are defined as follows:

0   Zero to 5 percent dependence.
1   6 to 15 percent dependence.
2   16 to 25 percent dependence.
3   26 to 35 percent dependence.
4   36 to 45 percent dependence.
5   46 to 55 percent dependence.
6   56 to 65 percent dependence.
7   66 to 75 percent dependence.
8   76 to 85 percent dependence.
9   86 to 100 percent dependence.

Column 12: Mode of Marriage. The prevailing mode of obtaining a wife is indicated by the following symbols:

B   Bride-price or bride-wealth, i.e., transfer of a substantial consideration in the form of goods, livestock, or money from the groom or his relatives to the kinsmen of the bride.
D   Dowry, i.e., transfer of a substantial amount of property from the bride's relatives to the bride, the groom, or the kinsmen of the latter.
G   Gift exchange, reciprocal exchange of gifts of substantial value between the relatives of the bride and groom, or a continuing exchange of goods and services between the groom or his kinsmen and the bride's relatives.
O   Absence of any significant consideration, or giving of bridal gifts only.
S   Bride-service, i.e., a substantial material consideration in which the principal element consists of labor or other services rendered by the groom to the bride's kinsmen.
T   Token bride-price, i.e., a small or symbolic payment only.

X   Exchange, i.e., transfer of a sister or other female relative of the groom in exchange for the bride.

Lowercase letters following a capital indicate alternative modes of marriage or supplementary practices.

Column 14: Family Organization. The prevailing form of domestic or familial organization is indicated by the following symbols:

E   Large extended families, i.e., corporate aggregations of smaller family units occupying a single dwelling or a number of adjacent dwellings and normally embracing the families of procreation of at least two siblings or cousins in each of at least two adjacent generations.

F   Small extended families, i.e., those normally embracing the families of procreation of only one individual in the senior generation but of at least two in the next generation. Such families usually dissolve on the death of the head.

G   Minimal extended or "stem" families, i.e., those consisting of only two related families of procreation (disregarding polygamous unions), particularly of adjacent generations.

M   Independent nuclear families with monogamy.

N   Independent nuclear families with occasional or limited polygyny.

O   Independent polyandrous families.

P   Independent polygynous families, where polygyny is general and not reported to be preferentially sororal, and where co-wives are not reported to occupy separate dwellings or apartments.

Q   The same as P except that co-wives typically occupy separate quarters.

R   Independent polygynous families, where polygyny is common and preferentially sororal, and where co-wives are not reported to occupy separate quarters.

S   The same as R except that co-wives typically occupy separate quarters.

Following E, F, or G, lowercase letters from m to s indicate the marital composition of the component familial units in extended families, e.g., Gm for stem families with monogamy.

Column 16: Marital Residence. The prevailing profile of marital residence in the society is expressed by the following symbols:

A   Avunculocal, i.e., residence is normally with or near the maternal
     uncle or other male matrilineal kinsmen of the husband.

B   Ambilocal, i.e., residence is established optionally with or near
     the parents of either the husband or the wife, depending on cir-
     cumstances or personal choice, where neither alternative exceeds
     the other in actual frequency by a ratio greater than two to one. If
     the differential frequency is greater than this, the symbols Uv or
     Vu are used to denote, respectively, a marked preponderance of
     uxorilocal or virilocal practice.

C   Optionally uxorilocal or avunculocal. This may be the case in a
     uxorilocal society where many men marry a MoBrDa and thus, in
     fact, live avunculocally.

D   Optionally virilocal or avunculocal.

M   Matrilocal, i.e., residence is normally with or near the female
     matrilineal kinsmen of the wife.

N   Neolocal, i.e., residence is normally apart from the relatives of
     both spouses or at a place not determined by the kin ties of either.

O   Nonestablishment of a common household, i.e., where both
     spouses remain in their natal households, sometimes called "duo-
     local" or "natolocal" residence.

P   Patrilocal, i.e., residence is normally with or near the male patri-
     lineal relatives of the husband.

U   Uxorilocal. Equivalent to "matrilocal" but confined to instances
     where the wife's matrikin are not aggregated in matrilocal and
     matrilineal kin groups.

V   Virilocal. Equivalent to "patrilocal" but confined to instances
     where the husband's patrikin are not aggregated in patrilocal and
     patrilineal kin groups.

Lowercase letters following a capital indicate either culturally pat-
terned alternatives to, or numerically significant deviations from, the
prevailing profile. Lowercase letters preceding a capital indicate the
existence of a different rule or profile for the initial year or so of
marriage, e.g., uP for initial uxorilocal residence followed by perma-
nent patrilocal residence.

Column 19: Community Organization. The prevalence of local endog-
amy, agamy, and exogamy, together with the presence or absence of
localized kin groups, is indicated by the following symbols:

A   Agamous communities without localized clans or any marked ten-
     dency toward either local exogamy or local endogamy.

C   Clan-communities, each consisting essentially of a single localized exogamous kin group or clan. Cs if also segmented into clan-barrios.

D   Demes, i.e., communities revealing a marked tendency toward local endogamy but not segmented into clan-barrios.

E   Exogamous communities, i.e., those revealing a marked tendency toward local exogamy without having the specific structure of clans.

S   Segmented communities, i.e., those divided into barrios, wards, or hamlets, each of which is essentially a localized kin group, a clan or ramage, in the absence of any indication of local exogamy.

T   Segmented communities where a marked tendency toward local exogamy is also specifically reported.

The specific structure of the clans indicated by C, S, or T, i.e., whether ambilocal, matrilocal, or patrilocal, is revealed by the rule of residence in Column 16.

Column 20: Patrilineal Kin Groups and Exogamy. A capital letter indicates the largest type of kin group reported for the society. A lowercase letter following a capital indicates the largest kin group characterized by exogamy, if it is different. The symbols are defined as follows:

E   Patrilineal exogamy, i.e., extension of incest taboos to known kinsmen in the absence of true patrilineal kin groups, provided such extension does not apply generally to bilateral kinsmen of equal remoteness.

L   Lineages of modest size, i.e., patrilineal kin groups whose core membership is normally confined to a single community or a part thereof.

M   Moieties, i.e., maximal lineages when there are only two such in the society.

O   Absence of any patrilineal kin groups and also of patrilineal exogamy.

P   Phratries, i.e., maximal lineages when there are more than two and when sibs are also present. Segmentary lineage systems in which segments of a lower order of magnitude are equivalent to sibs are also designated by P.

S   Sibs ("clans" in British usage), i.e., lineages whose core membership normally comprises residents of more than one community.

Column 22: Matrilineal Kin Groups and Exogamy. The symbols are the same as those for Column 20 except that they refer to matrilineal rather than patrilineal groups and practices. Societies with double descent are readily indentified by the appearance of L, M, P, or S symbols in both Column 20 and Column 22.

Column 24: Cognatic Kin Groups. The presence or probable absence, and the typology, of ambilineal and bilateral kin groups are indicated by the following symbols:

A   Ambilineal descent inferred from the presence of ambilocal extended families, true ramages being absent or unreported.
B   Bilateral descent inferred from the absence of reported ambilineal, matrilineal, or patrilineal kin groups, kindreds being absent or unreported.
K   Bilateral descent with specifically reported kindreds, i.e., Ego-oriented bilateral kin groups or categories.
O   Absence of cognatic kin groups inferred from the presence of unilineal descent.
Q   Bilateral descent with reported or probable quasi-lineages, i.e., cognatic groups approximating the structure of lineages but based on filiation rather than on unilineal or ambilineal descent.
R   Ramages, i.e., ancestor-oriented ambilineal kin groups, if they are agamous, endogamous, or not specifically stated to be exogamous.
S   Exogamous ramages are specifically reported.

When both kindreds and ramages are reported for the same society, they are indicated by a capital followed by a lowercase letter, e.g., Rk or Kr.

Column 25: Cousin Marriage. The rules or practices governing the marriageablity or nonmarriageability of first cousins, and in some instances also of second cousins, are indicated by the following symbols:

C   Duolateral cross-cousin marriage, i.e., marriage allowed with either MoBrDa or FaSiDa but forbidden with a parallel cousin. A lowercase letter is appended to indicate preferential, as opposed to merely permitted unions, i.e., Cc, Cm, or Cp for a symmetrical, matrilateral, or patrilateral preference.
D   Duolateral marriage with paternal cousins only. Da or Dp for a preference for FaBrDa or MoBrDa respectively.
E   Duolateral marriage with maternal cousins only. Em for a preference for MoBrDa.

F   Duolateral marriage with an uncle's daughter only. Fa or Fm for a preference for FaBrDa or MoBrDa respectively.
G   Duolateral marriage with an aunt's daughter only. Gp for a preference for FaSiDa.
M   Matrilateral cross-cousin marriage, i.e., unilateral marriage with a MoBrDa only. Mm if preferred rather than merely permitted.
N   Nonlateral marriage, i.e., unions forbidden with any first or second cousin.
O   Nonlateral marriage when evidence is available only for first cousins.
P   Patrilateral cross-cousin marriage, i.e., unilateral marriage with a FaSiDa only. Pp if preferred rather than merely permitted.
Q   Quadrilateral marriage, i.e., marriage allowed with any first cousin. Qa for the Arabic variant in which the FaBrDa is the preferred mate. Qc, Qm, and Qp for other preferences.
R   Nonlateral marriage in which all first cousins and some but not all second cousins are forbidden as spouses. Rr for the type of preferential marriage with particular second cross-cousins, notably Mo-MoBrDaDa or FaMoBrSoDa, as reported of societies with subsection systems.
S   Nonlateral marriage in which unions are forbidden with any first cousin but are permitted with any second cousin (or at least any who is not a lineage mate). Ss if second-cousin marriage is preferred rather than merely permitted.
T   Trilateral marriage, i.e., marriage is allowed with any first cousin except an ortho-cousin or lineage mate. Tc, Tm, and Tp, respectively, for preferences for a bilateral, matrilateral, or patrilateral cross-cousin.

Column 27: Kinship Terminology for Cousins. The prevailing pattern of kinship terminology employed for first cousins is indicated by the following symbols:

C   Crow, i.e., FaSiCh equated with Fa or FaSi and/or MoBrCh with Ch or BrCh (ws).
D   Descriptive or derivative, rather than elementary, terms employed for all cousins.
E   Eskimo, i.e., FaBrCh, FaSiCh, MoBrCh, and MoSiCh equated with each other but differentiated from siblings.
H   Hawaiian, i.e., all cousins equated with siblings or called by terms clearly derivative from those for siblings.

I   Iroquois, i.e., FaSiCh equated with MoBrCh but differentiated from both siblings and parallel cousins.

O   Omaha, i.e., MoBrCh equated with MoBr or Mo and/or FaSiCh with SiCh (ms) or Ch.

S   Sudanese, i.e., FaSiCh and MoBrCh distinguished alike from siblings, parallel cousins, and each other but without conforming to either the Crow, the descriptive, or the Omaha patterns.

Z   Mixed or variant patterns not adequately represented by any of the foregoing symbols.

Column 28: Type and Intensity of Agriculture. Capital letters symbolize the intensity of cultivation, as follows:

C   Casual agriculture, i.e., the slight or sporadic cultivation of food or other plants incidental to a primary dependence upon other subsistence practices.

E   Extensive or shifting cultivation, as where new fields are cleared annually, cultivated for a year or two, and then allowed to revert to forest or brush for a long fallow period.

H   Horticulture, i.e., semi-intensive agriculture limited mainly to vegetable gardens or groves of fruit trees rather than the cultivation of field crops.

I   Intensive agriculture on permanent fields, utilizing fertilization by compost or animal manure, crop rotation, or other techniques so that fallowing is either unnecessary or is confined to relatively short periods.

J   Intensive cultivation where it is largely dependent upon irrigation.

O   Complete absence of agriculture.

A postposited lowercase letter indicates the principal type of crop under the following categories:

c   Cereal grains, e.g., maize, millet, rice, or wheat, when at least as important as any other type of crop.

n   Nonfood crops only, e.g., cotton or tobacco.

r   Roots or tubers, e.g., manioc, potatoes, taro, or yams, when more important than cereal grains and at least as important as tree crops.

t   Tree fruits, e.g., bananas, breadfruit, coconuts, or dates, when more important than cereal grains and root crops. Sago, unless specifically reported to be cultivated, is treated as a gathered rather than a cultivated product.

Column 30: Settlement Pattern. The prevailing type of settlement pattern is indicated by the following symbols:

B   Fully migratory or nomadic bands.
H   Separated hamlets where several such form a more or less permanent single community.
N   Neighborhoods of dispersed family homesteads.
S   Seminomadic communities whose members wander in bands for at least half the year but occupy a fixed settlement at some season or seasons, e.g., recurrently occupied winter quarters.
T   Semisedentary communities whose members shift from one to another fixed settlement at different seasons, or who occupy more or less permanently a single settlement from which a substantial proportion of the population departs seasonally to occupy shifting camps, e.g., during transhumance.
V   Compact and relatively permanent settlements, i.e., nucleated villages or towns.
W   Compact but impermanent settlements, i.e., villages whose location is shifted every few years.
X   Complex settlements consisting of a nucleated village or town with outlying homesteads or satllite hamlets.

Column 32: Jurisdictional Hierarchy. The number of jurisdictional levels in each society is shown by a pair of digits, of which the first indicates the number of levels up to and including the local community, and the second those which transcend the community. Thus 20 represents the theoretical minimum, e.g., independent nuclear or polygynous families and autonomous bands or villages, whereas 44 represents the theoretical maximum, e.g., nuclear families, extended families, clan-barrios, villages, parishes, districts, provinces, and a complex state. Incidentally the second digit provides a measure of complexity, ranging from 0 for stateless societies, through 1 or 2 for petty and larger paramount chiefdoms or their equivalent, to 3 or 4 for large states. Different types of organization on the same level, e.g., a consanguineal lineage and its localized equivalent, are counted as one, and organizations not held to be legitimate, e.g., imposed colonial regimes, are excluded.

Column 39: Type of Animal Husbandry. The predominant type of domestic animals kept in the society is indicated by the following symbols:

B   Bovine animals, e.g., cattle, mithun, water buffaloes, yaks.

C   Camels or other animals of related genera, e.g., alpacas, llamas.
D   Deer, e.g., reindeer.
E   Equine animals, e.g., horses, donkeys.
O   Absence or near absence of domestic animals other than bees, cats, dogs, fowl, guinea pigs, or the like.
P   Pigs the only domestic animals of consequence.
S   Sheep and/or goats when larger domestic animals are absent or much less important.

A postposited lowercase m indicates that domestic animals are milked other than sporadically; a lowercase o indicates the absence or near absence of milking.

Column 42: Metal Working. This category applies only to such arts as smelting, casting, and forging which involve the application of fire. An identical set of symbols applies to this and to other technological and economic activities which follow, and to types of specialization in their performance. Capital letters indicate specialization by sex, as follows:

D   Differentiation of specific tasks by sex but approximately equal participation by both sexes in the total activity.
E   Equal participation by both sexes without marked or reported differentiation in specific tasks.
F   Females alone perform the activity, male participation being negligible.
G   Both sexes participate, but females do appreciably more than males.
I   Sex participation irrelevant, especially where production is industrialized.
M   Males alone perform the activity, female participation being negligible.
N   Both sexes participate, but males do appreciably more than females.
O   The activity is absent or unimportant in the particular society.
P   The activity is present, but sex participation is unspecified in the sources consulted.

When not followed by a lowercase letter, the foregoing symbols imply that the activity, if present, is normally performed by many or most adult men, women, or both. Specialization by age or occupational status, where reported to be present, is indicated by one of the following symbols in lowercase:

a   Age specialization, the activity being largely performed by men and/or women beyond the prime of life.

c   Craft specialization, i.e., the activity is largely performed by a small minority of adult males or females who possess specialized skills. Occupational castes are treated as instances of craft specialization.

i   Industrial specialization, i.e., the activity is largely removed from the domain of a division of labor by sex, age, or craft specialization and is performed mainly by industrialized techniques of production.

Column 44: Weaving. This category applies only to the manufacture of true cloth on a loom or frame, not to the making of nets, baskets, mats, or nonwoven fabrics like barkcloth or felt. Symbols the same as for Column 42.

Column 48: Pottery Making. This category applies only to the manufacture of earthenware utensils. Symbols the same as for Column 42.

Column 54: Gathering. The collection of wild plants and small land fauna.

Column 56: Hunting. Trapping and fowling are included.

Column 58: Fishing. Shellfishing and the pursuit of large aquatic animals are included.

Column 60: Animal Husbandry. The care and tending of domestic animals, including milking.

Column 62: Agriculture. Includes preparation of the soil, planting, tending the growing crops, and harvesting but not subsequent food preparation. This is the last of the categories using the symbols defined in Column 42.

Column 67: Class Stratification. The degree and type of class differentiation, excluding purely political and religious statuses, is indicated by the following symbols:

C   Complex stratification into social classes correlated in large measure with extensive differentation of occupational statuses.

D   Dual stratification into a hereditary aristocracy and a lower class of ordinary commoners or freemen, where traditionally ascribed noble status is at least as decisive as control over scare resources.
E   Elite stratification, in which an elite class derives its superior status from, and perpetuates it through, control over scarce resources, particularly land, and is thereby differentiated from a propertyless proletariat or serf class.
O   Absence of significant class distinctions among freemen (slavery is treated in Column 71), ignoring variations in individual repute achieved through skill, valor, piety, or wisdom.
W   Wealth distinctions, based on the possession or distribution of property, present and socially imortant but not crystallized into distinct and hereditary social classes.

Combinations of a capital and a lowercase letter, e.g., Cd, indicates that the prevailing system exhibits important features of two of the types defined above.

Column 71: Slavery. The forms and prevalence of slave status, treated quite independently of both class and caste status, are indicated by the following symbols.

H   Hereditary slavery present and of at least modest social significance.
I   Incipient or nonhereditary slavery, i.e., where slave status is temporary and not transmitted to the children of slaves.
O   Absence or near absence of slavery.
S   Slavery reported but not identified as hereditary or nonhereditary. A postposited f indicates that slavery, though no longer practiced at the indicated time level, had existed at an earlier period.

Column 73: Succession to the Office of Local Headman. Without reference to rules of succession prevailing at higher levels of political integration, those applying to the office of local headman (or a close equivalent) are indicated by the following symbols:

A   Nonhereditary succession through appointment by some higher authority.
C   Nonhereditary sucession through informal consensus.
E   Nonhereditary succession through election or some other mode of formal consensus.
I   Nonhereditary succession through influence, e.g., of wealth or social status.

M Hereditary succession by a sister's son.
N Hereditary succession by a matrilineal heir who takes precedence over a sister's son, e.g., a younger brother.
O Absence of any office resembling that of a local headman.
P Hereditary succession by a son.
Q Hereditary succession by a patrilineal heir who takes precedence over a son.
S Nonhereditary succession on the basis primarily of age or seniority.

Column 76: Inheritance of Movable Property. The rule or practice governing the disposition or transmission of a man's personal property in movable goods, i.e., exclusive of real and intangible property and also of any dower right of his widow, is indicated by the following symbols:

C Inheritance by children of either sex or both.
D Inheritance by children but with daughters receiving less than sons.
M Matrilineal inheritance by a sister's son or sons.
N Inheritance by matrilineal heirs who take precedence over sister's sons, e.g., a brother or brothers.
O A man's movable property is destroyed or given away at his death, or is otherwise not subject to any rule of inheritance.
P Patrilineal inheritance by a son or sons.
Q Inheritance by patrilineal heirs who take precedence over sons.

Lowercase letters following capitals indicate the distribution of the inheritance among several individuals of the same category, as follows:

e Equal or relatively equal distribution among all members of the category.
p Primogeniture, i.e., predominant inheritance by the senior member of the category.
q Exclusive or predominant inheritance by the member of the category adjudged best qualified, either by the deceased or by his surviving relatives.
u Ultimogeniture, i.e., predominant inheritance by the junior member of the category.

CHAPTER NINE

The Coded Ethnographic Data

This chapter assembles the coded ethnographic data selected for inclusion in this volume. These include much, but far from all, the data published in the *Ethnographic Atlas* (Pittsburgh, 1967) and considerable additional information presented in subsequent volumes of the journal *Ethnology*. The result falls short of a complete roster of all known and well-described cultures in several respects. It includes only a sample of such societies in areas that are richly documented; it covers little of the extensive literature published during the past decade; and it excludes practically all source materials not analyzed and assessed by the author in person. Since, however, I have made a special effort to locate descriptive materials on the less well covered areas of the world, and suffer less from linguistic blind spots than most comparativists, my selection of societies and sources presumably approaches a representative sample of the ethnographic universe closely enough to justify its treatment as such in Chapter 10.

On the whole, my selection most nearly approaches adequacy in the regions of Africa, the Insular Pacific, and North America. It falls farthest short in the Circum-Mediterranean, particularly with respect to the complex societies of Europe. And it is defective in the northern provinces of East Asia and in much of South America primarily owing to a paucity of high-quality descriptive literature on the societies of these regions. Intensive field or library research may close some of these gaps in the future but is unlikely to close them all. Perhaps the brightest prospects are for sociological and folkloristic work on the peasant societies of Europe and for capitalizing on the rich potentialities of archeology in limited sections of the Middle East.

105

1	3	7	12	14	16	19	20	22	24	25	27	28
A01a	Hottentot	13150	Gb	N	uP	C	S	O	O	C	I	O
A02a	Kung	82000	S	Fn	uB	E	O	O	K	N	E	O
A02b	Hadza	64000	B	Fn	B	A	O	O	B	.	.	O
A02c	Naron	73000	T	N	bVu	E	O	O	B	O	.	O
A03a	Thonga	01135	B	Es	P	C	Sl	O	O	S	O	Ec
A03b	Tswana	01045	B	S	uP	S	O	O	Q	Qc	I	Ec
A03c	Zulu	01045	B	Fq	P	C	S	O	O	N	I	Ec
A03d	Venda	11026	B	Es	P	S	Sl	Lo	O	Cm	I	Ic
A03e	Sotho	11035	B	Q	uP	A	So	O	O	Qc	I	Ic
A03f	Lozi	12124	Ts	Q	uVa	A	O	O	Rk	N	H	Ic
A04a	Mbundu	11125	B	Q	Pa	Cs	Lo	Lo	O	Cm	I	Ec
A04b	Herero	13060	B	Fq	Va	E	Ps	S	O	Cp	I	O
A04c	Ambo	01135	B	Q	bVn	.	O	S	O	S	H	Ec
A04d	Nyaneka	01144	B	Fq	vA	C	O	S	O	C	I	Ec
A05a	Suku	12106	B	Q	Va	A	O	So	O	Cp	I	Er
A05b	Lele	01117	B	Q	vAn	A	O	S	O	O	I	Ec
A05c	Ndembu	02116	T	Q	uAv	C	O	Sl	O	Cc	I	Ec
A05d	Kongo	11116	B	N	A	C	O	S	O	C	.	Er
A05e	Kuba	01216	B	Fn	Va	S	O	S	O	N	H	Ec
A06a	Bemba	11107	St	S	uCv	A	O	S	K	Cc	I	Ec
A06b	Ila	10036	B	Fq	Va	A	L	S	O	Pp	I	Ec
A06c	Yao	01216	O	En	Ma	S	O	Sl	O	Cp	I	Ec
A06d	Luapula	01315	St	N	uAn	A	O	Sl	O	Cc	I	Er
A06e	Nyanja	01216	S	Q	Ma	A	O	S	O	Cc	I	Ec
A07a	Tanala	00226	T	Fq	P	T	Sl	E	O	Cc	I	Jc
A07b	Merina	00127	T	N	V	A	Po	E	O	C	H	Jc
A07c	Antandroy	20143	B	Q	Pu	D	Lo	O	O	S	H	Ec
A07d	Sakalava	00154	O	Eq	P	C	L	O	O	O	H	Er
A08a	Nyakyusa	01126	B	Q	N	A	Lo	O	K	N	I	It
A08b	Bena	01306	Bs	Q	uNu	A	S	O	K	C	I	Jc
A08c	Sukuma	00037	B	Q	uVa	A	O	O	R	N	C	Ic
A08d	Luguru	01117	Bs	N	Ma	S	O	S	O	Cm	C	Ec
A08e	Hehe	01036	B	Fp	Pn	C	S	O	O	Cm	I	Ic
A09a	Chagga	01036	B	Q	Pn	C	S	O	O	N	O	Jc
A09b	Kikuyu	00037	B	Q	P	C	S	O	O	N	O	Ic
A09c	Bajun	01414	B	M	uNu	A	Lo	O	O	Qa	D	Ec
A09d	Digo	01216	B	Q	Pu	S	S	L	O	O	.	Er
A09e	Hadimu	00226	B	Q	P	.	O	O	R	Q	H	Er
A10a	Ganda	01117	B	Q	Nv	E	S	O	O	O	I	It
A10b	Ruanda	01036	B	Q	P	S	Sl	O	O	C	I	Ic
A10c	B.Kavirondo	00046	B	N	P	C	S	O	O	N	D	Ec
A10d	Amba	11116	Xb	Q	Pa	C	S	O	O	N	O	Et
A10e	Nyoro	01126	B	Q	P	S	S	O	O	O	O	Ic
A11a	Mbuti	37000	Xb	N	Vu	E	O	O	B	S	H	O
A12a	Nkundo	11206	B	Eq	Pa	Cs	S	E	O	N	C	Er
A12b	Banen	11017	Xb	Q	P	C	L	O	O	.	.	Er
A12c	Fang	11215	B	Fq	P	Cs	S	O	O	N	O	Er

30	32	39	42	44	48	54	56	58	60	62	67	71	73	76	1
B	32	Bm	M	O	F	F	M	M	D	O	W	O	P	Pp	A01a
B	20	O	O	O	O	G	M	O	O	O	O	O	P	O	A02a
B	30	O	O	O	O	F	N	O	O	O	O	O	S	Q	A02b
B	20	O	O	O	O	F	M	O	O	O	O	O	P	O	A02c
V	22	Bm	Mc	O	F	F	M	M	M	G	D	O	Q	Pe	A03a
X	32	Bm	Mc	O	Fc	O	M	O	M	G	Ed	O	P	Pp	A03b
N	33	Bm	Mc	O	F	O	M	O	M	G	D	O	P	Pp	A03c
V	32	Bm	Mc	P	Fc	G	M	O	M	G	D	If	P	Pp	A03d
H	33	Bm	Mc	O	F	F	M	O	M	G	D	O	P	Pp	A03e
T	23	Bm	Mc	O	F	G	M	N	N	G	D	H	P	Pq	A03f
V	32	Bo	Mc	O	F	F	M	N	M	G	D	H	P	M.	A04a
B	30	Bm	Mc	O	.	F	M	O	E	O	W	Hf	Q	Np	A04b
N	32	Bm	Mc	O	F	G	M	N	Nb	F	Dw	Hf	A	Ne	A04c
H	32	Bm	.	.	.	O	M	E	M	E	D	Sf	M	Mp	A04d
V	33	So	Mc	.	F	.	M	E	.	G	D	I	N	Np	A05a
V	31	So	Mc	M	F	F	M	F	.	G	D	Sf	N	Ne	A05b
W	22	So	Mc	O	.	O	M	N	.	G	.	Sf	N	N.	A05c
V	31	So	Mc	.	.	D	M	N	.	G	D	Hf	N	Np	A05d
W	32	So	Mc	M	O	O	M	N	O	G	D	H	S	Np	A05e
W	32	So	Mc	O	F	G	M	N	.	G	D	If	N	Nq	A06a
T	31	Bm	Mc	O	F	F	M	M	M	G	W	Hf	M	Nq	A06b
H	31	O	Mc	O	F	O	M	M	.	G	O	Hf	M	Np	A06c
V	32	So	Mc	O	F	.	M	M	.	G	D	Sf	N	Nq	A06d
N	31	So	Mc	M	F	.	M	M	.	G	D	H	N	Np	A06e
V	41	Bm	Mc	F	O	O	M	N	M	D	D	Hf	E	Ce	A07a
V	33	Bo	Mc	F	.	E	M	G	M	M	D	Hf	A	Ce	A07b
T	21	Bm	Mc	F	O	.	M	G	M	E	D	Hf	Q	Pe	A07c
H	33	Bm	Mc	F	O	O	M	N	M	E	D	Hf	Q	.	A07d
V	22	T	Mc	P	P	O	M	N	M	N	O	If	E	Qp	A08a
V	22	Bm	Mc	O	F	G	M	M	M	G	D	Hf	A	Pe	A08b
N	32	Bm	Mc	P	P	.	M	O	M	G	D	Sf	A	.	A08c
H	30	So	Mc	O	F	.	M	M	.	E	O	Sf	M	Ce	A08d
N	32	Bm	Mc	.	.	O	M	O	M	G	D	Hf	.	De	A08e
N	21	Bm	Mc	O	O	O	M	O	D	D	D	O	P	Pp	A09a
V	30	Bm	Mc	O	Fc	O	M	O	M	G	D	O	N	Pp	A09b
V	20	Bm	O	.	O	O	M	M	N	E	O	Hf	P	Ce	A09c
V	21	So	Mc	.	P	F	M	.	N	G	.	S	Q	Np	A09d
V	23	Bm	Mc	O	M	.	M	D	N	E	D	Hf	E	De	A09e
V	23	Bm	Mc	O	Mc	O	M	M	M	G	D	Hf	A	Pq	A10a
N	33	Bm	Mc	O	F	D	Mc	M	M	G	D	If	P	Pe	A10b
N	30	Bm	Mc	.	.	.	M	M	M	G	W	.	.	Pe	A10c
H	30	So	Mc	O	F	.	M	M	M	G	O	O	O	Pe	A10d
N	23	Bm	Mc	O	Mc	O	M	Mc	N	G	D	O	P	Pp	A10e
B	20	O	O	O	O	F	N	O	O	O	O	O	O	P	A11a
H	42	So	Mc	M	F	F	M	N	O	G	O	If	O	Qp	A12a
N	20	So	Mc	O	F	.	M	E	D	G	O	H	P	Pe	A12b
V	30	So	Mc	O	F	G	M	N	M	G	W	O	P	Pp	A12c

1	3	7	12	14	16	19	20	22	24	25	27	28
A12d	Kpe	01135	B	Q	Pa	S	Sl	L	O	N	.	Er
A12e	Ngombe	02206	B	Eq	P	S	Sl	O	O	N	Z	Er
A13a	Tiv	12115	X	Eq	Va	C	Pl	O	R	S	H	Er
A13b	Katab	21115	T	Fq	Pa	Cs	L	O	O	N	H	Ic
A13c	Yako	11017	B	Fq	uPa	S	L	L	O	Cp	I	Er
A13d	Ibibio	01216	Bs	Fq	P	S	L	O	O	O	D	Er
A13e	Wute	11116	B	Fq	Pa	S	Pl	O	O	O	.	Ec
A14a	Fon	02125	Bs	Q	Pu	S	P	O	O	T	D	Er
A14b	Ibo	00019	B	Eq	P	S	Ml	O	O	O	O	Er
A14c	Yoruba	00118	Bs	Eq	P	S	S	O	K	O	H	Er
A14d	Nupe	10117	B	Eq	P	S	Lo	O	O	C	H	Ec
A14e	Ewe	01216	Bs	Ep	oP	S	Sl	O	O	C	H	Er
A15a	Ashanti	01207	B	Fq	oAv	A	Sl	S	O	Cm	D	Er
A15b	Bete	01117	B	Fq	P	Cs	L	O	O	O	.	Er
A15c	Baule	01216	T	Eq	Av	S	O	Sl	O	C	.	Er
A15d	Sapo	01216	B	Q	P	Cs	Sl	O	O	O	.	Ec
A15e	Fanti	01117	B	Fp	oDn	A	L	Sl	O	Cm	D	Er
A16a	Wolof	00136	B	Fq	Pa	C	L	L	O	Cc	H	Ec
A16b	Bijogo	10225	O	N	M	.	O	S	O	O	.	Ec
A16c	Kissi	00019	Bs	Eq	P	T	Sl	O	O	Mm	H	Ec
A16d	Coniagui	21016	St	N	vAv	A	O	Sl	O	T	.	Ec
A16e	Temne	00226	Bs	Fp	Pa	C	Sl	O	O	O	E	Ec
A17a	Fulani	00091	B	Q	oP	D	So	O	O	Qa	.	Cc
A17b	Futajalonke	00055	Bs	Q	P	S	Lo	O	O	Qc	I	Ec
A17c	Tukulor	00145	B	Ep	P	.	S	O	O	Q	.	Ec
A18a	Bambara	20125	Bs	Eq	P	S	Sl	O	O	Cm	I	Ic
A18b	Mende	10117	Bt	Fq	Pc	S	L	O	O	Mm	H	Ec
A18c	Kpelle	11116	Bs	P	Pu	S	Sl	O	O	M	.	Ec
A18d	Malinke	11116	Bs	Eq	P	A	Sl	O	O	C	I	Ec
A18e	Ngere	00226	B	Q	Pa	S	Sl	O	O	O	.	Ec
A19a	Songhai	00235	B	N	Pn	A	Lo	O	O	Q	I	Ic
A19b	Dogon	20026	St	En	P	T	L	O	O	O	I	Ic
A19c	Tallensi	10027	Bs	Fq	Pn	C	S	E	O	N	H	Ic
A19d	Konkomba	11116	St	Q	P	Cs	Sl	O	O	T	I	Ec
A19e	Mossi	11026	B	Q	Pa	S	S	O	O	N	D	Ec
A19f	Birifor	11116	Bs	Eq	Pa	C	S	Ml	O	Cp	C	Ec
A20a	Zazzagawa	10036	Bd	Fq	P	S	Lo	O	O	Qc	I	Jc
A20b	Kanawa	10027	B	Fq	Pn	S	Lo	O	O	Qa	I	Ec
A20c	Matakam	00019	B	Fn	P	Cs	S	O	O	O	O	Ic
A20d	Tera	01117	St	Eq	uPa	S	L	O	O	C	I	Ec
A20e	Kapsiki	00028	B	Q	P	C	L	O	O	O	.	Ic
A21a	Azande	12106	Bs	Q	Vn	A	S	O	O	O	D	Ec
A21b	Baya	11116	B	Q	P	C	L	O	O	N	.	Er
A21c	Banda	02017	Xb	S	P	C	L	O	O	O	O	Ec
A21d	Massa	01315	B	Fq	P	C	Sl	O	O	N	H	Jc
A21e	Ngbandi	01216	B	Q	Pa	C	S	O	O	.	O	Er
A22a	Mangbetu	02116	B	Q	Vn	A	L	O	O	O	H	Et

30	32	39	42	44	48	54	56	58	60	62	67	71	73	76	1
V	30	Bo	Mc	.	P	N	M	F	M	G	W	If	O	.	A12d
V	41	O	Mc	O	O	F	M	E	G	G	O	If	C	O	A12e
N	41	So	Mc	M	F	F	M	N	.	D	O	Hf	O	Pe	A13a
V	40	So	O	O	O	.	M	.	Eb	N	O	Sf	S	Pe	A13b
V	40	Bo	.	.	.	E	M	O	M	D	O	If	N	Ne	A13c
H	41	Bo	.	M	P	.	M	N	M	G	W	S	P	Pp	A13d
V	41	So	Mc	.	P	G	M	E	E	G	D	H	.	Qp	A13e
V	33	So	Mc	Mc	Fc	O	M	M	E	G	Dc	H	P	Pp	A14a
H	41	Bo	Mc	O	Fc	O	O	O	M	G	O	H	Q	Pe	A14b
V	43	So	Mc	D	F	F	O	.	F	N	Cd	If	Q	Qe	A14c
H	32	So	Mc	D	F	G	M	.	M	N	Cd	Hf	S	De	A14d
X	42	So	Mc	M	F	.	M	M	.	E	D	Sf	E	Np	A14e
V	42	So	Mc	Mc	F	O	M	M	.	D	D	If	E	Np	A15a
V	40	So	.	.	.	O	M	B	.	G	O	O	S	Qe	A15b
V	31	So	Mc	.	.	.	M	E	.	N	O	H	N	Np	A15c
V	31	Bo	Mc	.	F	.	M	N	.	G	O	I	P	Pp	A15d
V	41	So	Mc	M	F	.	M	M	.	E	D	Hf	E	Np	A15e
V	32	Bm	Mc	Mc	Fc	G	M	M	M	N	Cd	Hf	Q	De	A16a
V	31	Bo	.	.	.	M	M	D	.	N	O	Sf	N	Np	A16b
V	41	Bo	Mc	O	F	O	M	N	N	E	O	Hf	.	Pe	A16c
V	31	Bo	Mc	D	F	F	M	O	Eb	D	O	O	N	Np	A16d
X	32	Bo	Mc	M	F	.	Mc	G	.	D	.	Sf	.	Pe	A16e
B	31	Bm	.	.	.	O	O	O	N	.	O	.	P	Pe	A17a
X	42	Bm	Mc	.	.	O	O	O	D	N	D	Sf	.	Pe	A17b
V	31	Bm	Mc	Mc	.	.	M	M	M	N	D	Hf	I	De	A17c
V	42	Bm	Mc	M	Fc	G	M	N	D	N	D	Hf	Q	Qp	A18a
X	41	So	Mc	M	F	N	M	G	.	D	D	Hf	Q	Qe	A18b
V	31	Bo	Mc	M	F	M	M	G	.	G	W	H	E	Pp	A18c
V	31	Bo	Mc	.	.	F	M	M	M	N	D	Hf	Q	Qp	A18d
V	31	Bo	Mc	.	F	.	M	E	.	G	.	Sf	P	Pp	A18e
V	33	Bm	Mc	Mc	Fc	O	Mc	Mc	.	N	Ce	Hf	Q	De	A19a
V	41	Bo	Mc	.	.	E	M	O	M	N	W	Hf	Q	Qp	A19b
N	40	Bm	Mc	O	F	F	M	N	N	N	W	If	S	Qp	A19c
H	30	Bo	Mc	.	F	F	M	N	Mb	D	O	I	O	Qp	A19d
N	33	Bm	Mc	M	G	F	M	M	M	E	D	H	P	Pp	A19e
N	40	Bo	M	M	F	F	M	E	M	N	O	If	.	Np	A19f
V	33	Bm	Mc	D	M	.	M	M	M	M	Cd	Sf	O	De	A20a
V	32	Bo	Mc	M	P	O	.	O	D	N	Dc	Hf	.	De	A20b
H	40	So	Mc	O	Fc	O	M	O	.	D	O	O	E	Pe	A20c
V	41	Eo	Mc	.	.	O	M	D	.	E	D	S	.	De	A20d
V	31	So	Mc	O	F	.	M	.	.	E	O	S	Q	Qp	A20e
N	32	O	Mc	M	F	G	M	G	O	G	D	If	Q	Qp	A21a
V	30	So	Mc	O	F	E	M	E	F	G	O	H	P	Pp	A21b
N	30	So	Mc	O	F	.	M	G	.	G	O	I	Q	Qe	A21c
N	30	Bm	Mc	.	F	.	M	E	M	E	O	.	.	Pp	A21d
V	20	So	Mc	O	F	.	M	.	.	G	O	H	P	Pp	A21e
N	22	So	Mc	O	F	F	M	N	.	G	D	I	Q	Pp	A22a

1	3	7	12	14	16	19	20	22	24	25	27	28
A22b	Mamvu	11017	B	Q	P	C	L	O	O	.	H	Et
A22c	Bagirmi	10126	B	Q	P	.	L	O	O	.	.	Ec
A22d	Madi	01234	Bs	Eq	P	Cs	Sl	O	O	.	.	Ec
A23a	Fur	00136	B	En	M	E	O	L	O	O	H	Ic
A23b	Otoro	02026	B	Q	Pn	S	Sl	O	O	O	H	Ic
A23c	Mao	11116	X	Q	P	C	S	O	O	O	.	Ec
A23d	Korongo	01036	B	M	uAv	A	O	Sl	O	O	D	Ec
A24a	Shilluk	11125	Bs	Q	P	S	S	O	O	N	D	Ec
A24b	Nuer	00154	B	Fq	uVu	C	S	O	O	N	D	Ec
A24c	Alur	01225	B	Fq	P	Cs	S	O	O	N	D	Ec
A24d	Dinka	01153	B	Eq	bP	S	S	O	O	N	D	Ec
A24e	Luo	01126	B	Fs	Pn	Cs	S	O	O	N	D	Ic
A25a	Masai	01090	B	Q	Pn	A	S	O	O	N	O	O
A25b	Nandi	00055	B	N	Pn	A	S	O	K	O	O	Ic
A25c	Turkana	21034	B	Fq	Pn	E	S	O	O	N	D	Ec
A25d	Dorobo	46000	B	M	P	C	S	O	O	O	O	O
A25e	Bari	01045	Bs	Q	uPn	C	S	O	O	N	O	Et
C01a	Somali	00091	B	Fq	P	C	Pl	O	O	N	D	Ic
C01b	Konso	00028	O	Gn	Np	S	S	O	O	C	O	Ic
C01c	Arusi	01054	B	Q	P	.	L	O	O	O	S	Ec
C01d	Kafa	11026	B	P	P	.	S	O	O	O	E	Ic
C01e	Banna	01054	B	Eq	P	Cs	M	O	O	.	.	Ec
C02a	Amhara	00136	O	Em	Vu	E	O	O	B	N	E	Ic
C02b	Tigrinya	00037	D	M	oP	A	L	O	K	N	D	Ic
C03a	Kenuzi	00136	B	N	uP	A	So	O	O	Qa	D	Jt
C03b	Bisharin	00082	B	N	uP	C	Po	O	O	Qa	D	Jc
C03c	Dilling	11035	Bs	Q	uPn	S	P	O	O	C	D	Ic
C03d	Kunama	11026	Bs	N	uN	.	O	S	O	N	.	Ec
C04a	Teda	20035	B	Q	uP	E	Sl	O	O	N	I	Jt
C04b	Kanuri	10126	B	Q	Vn	S	O	O	B	T	.	Ic
C04c	Kanembu	00136	Gd	Ep	V	A	O	O	B	Q	.	Ic
C05a	Ahaggaren	11053	B	M	uDu	C	O	So	O	Cm	I	Jc
C05b	Siwans	00037	B	Fn	P	D	So	O	O	Q	D	Jt
C05c	Antessar	01063	Bd	M	Va	A	O	Lo	O	Qc	I	Jc
C05d	Shluh	10036	B	Fm	P	S	L	O	O	.	.	Jc
C05e	Mozabites	00019	B	M	Pn	S	Lo	O	O	.	.	Jt
C06a	Regeibat	01072	B	Fn	P	C	Po	O	O	Qa	D	Jt
C06b	Messiriya	00073	B	Fq	Pa	D	Po	O	O	Qa	D	Ec
C06c	Chaamba	01072	B	P	P	.	So	O	O	Qa	D	Jt
C06d	Zenaga	00073	B	M	P	.	So	O	O	Qa	.	Ic
C06e	Delim	02152	B	Fn	P	A	So	O	O	Qa	D	Jt
C07a	Riffians	01135	B	En	Pn	C	Sl	O	O	T	.	Ic
C07b	Kabyle	00037	B	Fn	P	S	So	O	O	Q	.	Ic
C07c	Algerians	00037	B	Fn	P	S	So	O	O	Qa	D	Jc
C07d	Tunisians	00127	B	En	P	S	So	O	O	Qa	.	Ic
C08a	Egyptians	00136	B	Fn	uP	D	Po	O	O	Qa	D	Jc
C08b	Phar.Egypt	00127	B	M	Nv	.	O	O	B	Q	.	Jc

30	32	39	42	44	48	54	56	58	60	62	67	71	73	76	1
V	20	So	Mc	O	P	.	M	O	.	G	O	Sf	.	.	A22b
V	23	Bm	Mc	M	.	F	.	M	.	.	D	H	.	.	A22c
N	31	Bm	Mc	.	.	.	.	.	M	N	O	.	P	Pe	A22d
V	33	Bm	Mc	.	Fc	.	M	G	D	E	D	Sf	P	Pu	A23a
H	31	Bm	O	O	F	G	M	O	N	E	W	If	O	Pe	A23b
V	21	Bm	O	O	F	.	M	.	.	.	O	.	Q	Qp	A23c
H	30	Bm	O	O	F	.	M	.	N	D	W	.	.	.	A23d
H	31	Bm	Mc	O	F	F	M	.	M	E	Cd	Hf	E	Pp	A24a
S	30	Bm	O	O	O	F	M	N	N	E	O	O	O	Pe	A24b
H	31	Bm	Mc	O	F	.	M	O	D	D	D	S	P	Pp	A24c
S	31	Bm	Mc	.	.	.	M	M	N	E	O	S	.	Pe	A24d
N	31	Bm	Mc	O	F	O	M	D	M	E	W	O	P	Pp	A24e
B	31	Bm	Mc	O	F	O	M	O	Db	O	O	O	O	Pe	A25a
N	21	Bm	Mc	O	Fc	.	M	O	N	D	O	O	S	Pp	A25b
S	20	Bm	.	.	O	F	M	M	D	F	O	O	O	Pe	A25c
B	20	O	O	O	O	G	M	O	O	O	O	O	C	Ce	A25d
N	20	Bm	Mc	O	P	O	Mc	Mc	N	D	W	O	P	Pp	A25e
B	32	Cm	Mc	Mc	O	O	Mc	O	D	.	W	Hf	E	De	C01a
V	40	Bm	Mc	Nc	Nc	O	M	O	Mb	E	W	O	E	Pp	C01b
T	22	Bm	Mc	.	P	.	M	O	D	N	O	S	E	Pp	C01c
N	34	Bm	Mc	M	Fc	.	M	Mc	N	.	D	H	.	Pp	C01d
H	31	Bm	Mc	O	O	.	M	O	M	D	O	.	P	.	C01e
H	33	Bm	Mc	Mc	Fc	.	Mc	M	D	N	C	Hf	A	Pe	C02a
V	32	Bm	Mc	.	.	.	M	O	N	N	Cd	Hf	A	Pe	C02b
V	30	Bm	Mc	.	.	.	O	M	E	M	W	H	.	De	C03a
S	31	Cm	.	.	.	.	M	O	M	F	O	O	O	Pe	C03b
H	31	Bm	O	.	F	G	M	O	N	E	O	Hf	.	Pe	C03c
V	20	Bm	O	O	F	.	.	.	N	E	O	I	O	Mp	C03d
S	31	Cm	Mc	O	F	F	Mc	O	D	E	D	If	S	De	C04a
X	33	Bm	Mc	P	F	.	.	.	D	E	D	H	A	De	C04b
V	31	Bm	Mc	M	Fc	.	M	.	.	N	D	Hf	.	De	C04c
S	33	Cm	Mc	O	F	F	M	O	M	.	E	H	N	De	C05a
X	41	Bm	O	F	F	O	O	O	M	M	W	Hf	O	De	C05b
B	31	Cm	Mc	.	.	.	M	O	M	.	E	Hf	E	Pe	C05c
H	41	Bm	Mc	.	.	F	M	.	M	N	O	O	E	De	C05d
V	30	Sm	Mc	P	.	O	O	O	N	M	D	Sf	O	.	C05e
S	43	Cm	Mc	F	.	.	M	Mc	N	M	Ce	If	S	De	C06a
B	33	Bm	Mc	.	F	.	M	O	N	N	W	Hf	I	De	C06b
S	22	Cm	.	F	P	F	M	O	M	.	E	Hf	P	.	C06c
S	32	Cm	Mc	.	.	.	O	M	M	M	E	H	E	De	C06d
B	33	Cm	Mc	F	.	.	M	Mc	N	M	E	H	.	De	C06e
V	31	Bm	Mc	D	D	O	M	M	D	M	W	O	O	Pe	C07a
V	43	Bm	Mc	.	.	F	O	O	.	E	O	If	E	De	C07b
V	43	Bm	Mc	P	P	.	.	.	D	M	Ce	H	O	De	C07c
V	44	Bm	Mc	.	.	.	.	.	.	.	C	.	.	De	C07d
V	43	Bm	Mc	Mc	Mc	O	O	Mc	N	N	Ce	Sf	E	De	C08a
V	24	Bm	Mc	Mc	Mc	.	M	.	M	N	C	H	P	Ce	C08b

1	3	7	12	14	16	19	20	22	24	25	27	28
C09a	Hebrews	01135	B	Fp	P	.	Po	O	O	Qc	E	Jc
C10a	Babylonians	00226	Td	M	B	.	O	O	B	.	.	Jc
C11a	Rwala	11080	B	Q	P	C	Po	O	K	Qa	D	O
C11b	Druze	00019	B	Fm	P	S	Lo	O	O	Qa	D	Ic
C11c	Lebanese	00127	O	M	Pn	D	Lo	O	O	S	D	It
C11d	Madan	20323	B	Fq	P	S	So	O	O	Qa	D	Jc
C11e	Syrians	00046	B	Fn	Pn	A	Lo	O	O	Qa	D	Jc
C12a	Turks	00145	B	Gn	Vn	D	O	O	K	D	D	Ic
C12b	Kumyk	00037	Bd	N	Nv	D	O	O	K	.	E	Ic
C13a	Greeks	00136	D	M	Vn	A	O	O	K	N	E	Ic
C14a	Imp.Romans	00226	D	M	N	A	O	O	B	Q	D	Ic
C14b	Neapolitans	00118	O	M	Nu	D	O	O	K	S	E	Ic
C15a	Basques	00235	D	Gm	Bn	A	O	O	B	.	E	Ic
C15b	Spaniards	00037	O	M	N	A	O	O	B	Q	E	Ic
C15c	Brazilians	01126	O	M	Nv	A	O	O	B	O	E	Ic
C16a	Fr.Canadians	00127	D	M	Nv	A	O	O	K	N	E	Ic
C17a	New England	00136	O	M	Nv	A	O	O	K	Q	E	Ic
C17b	Irish	01045	D	Gm	Vn	A	O	O	K	N	E	Ir
C17c	Tristan	10324	O	M	N	D	O	O	K	.	E	Ir
C18a	Dutch	00136	O	Fm	Bn	A	O	O	K	Q	E	Ic
C19a	Icelanders	02341	D	Fm	Vn	A	O	O	K	.	D	Cc
C20a	Lapps	02260	O	M	Vu	E	O	O	K	S	E	O
C20b	Cheremis	00235	D	M	N	A	O	O	B	N	.	Ic
C21a	Czechs	00037	D	Gm	Vn	A	O	O	K	S	E	Ic
C21b	Lithuanians	00145	D	Fm	Vn	A	O	O	K	O	E	Ic
C22a	Serbs	00046	D	Fm	Pn	S	L	O	O	.	H	Ic
C22b	Bulgarians	00028	O	Fm	Vn	A	O	O	B	.	D	Ic
C23a	Albanians	00046	B	Fp	P	E	S	O	K	Cm	E	Ic
C23b	Hungarians	00127	G	Em	Vn	D	O	O	B	N	E	Ic
C24a	Russians	00037	Gd	M	vN	A	O	O	K	.	E	Ic
C24b	Ukrainians	00136	D	Gm	Vn	D	O	O	K	N	E	Ic
C24c	Hutsul	01144	D	M	vN	D	O	O	K	.	E	Ic
C25a	Armenians	00037	Bd	Em	Vu	A	O	O	B	O	E	Ic
C25b	Cherkess	01045	B	Fp	Pn	A	S	O	O	.	E	Ic
C25c	Khevsur	01135	Bd	N	oP	C	S	O	O	O	.	Ic
E01a	Baluch	10054	Bx	Fp	P	S	S	O	K	Cc	H	Ic
E01b	Basseri	01081	Bs	N	Pn	D	Po	O	O	Qa	.	Cc
E01c	Pathan	00037	B	N	P	A	Po	O	K	Qa	H	Jc
E01d	Hazara	00055	Bd	Fn	P	A	Po	O	O	Qa	D	Jc
E02a	Burusho	00046	Td	Fn	P	A	S	O	O	O	H	Jc
E02b	Dard	01036	B	Ep	P	A	S	O	O	O	D	Ic
E02c	Kashmiri	10126	B	Fn	P	A	Po	O	O	Q	D	Jc
E02d	Kohistani	11044	B	N	P	S	Po	O	O	.	D	Jc
E02e	Nuri	01036	B	Fq	P	A	S	O	O	O	.	Jc
E03a	Kazak	01081	Bd	Fp	P	C	Ps	O	O	N	O	C
E03b	Uzbeg	11152	Bd	Fp	P	.	Po	O	O	Qc	O	Ic
E04a	Samoyed	03340	Bd	Fn	P	E	P	O	O	Tm	E	O

30	32	39	42	44	48	54	56	58	60	62	67	71	73	76	1
V	32	Bm	Mc	P	.	O	M	M	N	M	W	I	.	Pe	C09a
V	23	Bm	Mc	P	P	.	.	.	M	M	C	H	.	Pe	C10a
B	31	Cm	Mc	F	.	F	M	O	M	O	W	H	.	Pe	C11a
V	31	Bm	Mc	O	F	E	M	O	N	N	O	H	A	De	C11b
V	33	Bm	Mc	Ii	P	.	.	M	.	M	C	O	E	Pe	C11c
V	41	Bm	Mc	Mc	.	N	.	M	G	N	D	Hf	A	De	C11d
V	32	Bm	Mc	Ii	F	F	M	O	M	O	Ec	O	E	.	C11e
V	23	Bm	Mc	P	P	.	M	M	N	N	C	O	E	Ce	C12a
V	.	Bm	Mc	F	P	.	O	.	.	.	.	.	.	.	C12b
V	23	Bm	Mc	Ii	Ii	O	O	M	Mc	D	C	O	E	Ce	C13a
V	34	Bm	Mc	F	.	.	.	.	.	.	C	H	.	Ce	C14a
X	23	Bm	Mc	Ii	Ii	O	M	D	D	D	C	O	E	De	C14b
N	.	Bm	Mc	.	.	O	O	M	M	M	C	O	.	Ce	C15a
V	23	Bm	Mc	Ii	Ii	O	M	M	M	N	C	O	A	Ce	C15b
V	24	Bm	Mc	Ii	F	.	M	M	N	N	C	Hf	E	Ce	C15c
V	23	Bm	Mc	Ii	Ii	.	M	M	D	N	C	O	E	.	C16a
X	23	Bm	Mc	Ii	Ii	O	M	Mc	M	M	C	O	E	Ce	C17a
N	23	Bm	Mc	.	.	O	M	.	N	N	C	O	O	Pq	C17b
V	20	Bm	M	O	O	M	M	M	D	M	O	O	O	Ce	C17c
V	33	Bm	Mc	Ii	Ii	O	O	M	N	N	C	O	E	Ce	C18a
V	32	Bm	M	F	.	O	M	M	M	N	Ew	H	.	Pe	C19a
B	20	Dm	O	F	O	F	M	E	E	O	W	O	.	Ce	C20a
H	31	Bm	Mc	.	.	.	M	.	.	D	E	O	.	Cu	C20b
V	23	Bm	Mc	Ii	Ii	O	M	O	F	E	C	O	.	Pe	C21a
V	33	Bm	Mc	Ii	P	.	M	Mc	G	N	C	O	C	Pe	C21b
X	33	Bm	Mc	F	Mc	O	M	O	G	E	C	O	E	.	C22a
V	33	Bm	Mc	F	P	O	M	M	E	E	C	O	.	De	C22b
N	32	Bm	Mc	F	D	F	O	O	N	E	O	O	P	Pe	C23a
V	33	Bm	Mc	F	P	O	.	.	.	N	C	O	.	.	C23b
V	24	Bm	Pi	.	.	O	O	O	N	N	C	O	A	.	C24a
V	34	Bm	Mc	Ii	P	F	M	M	G	N	C	O	E	Pe	C24b
N	.	Bm	Mc	F	P	O	M	.	D	N	W	O	.	Pe	C24c
V	33	Bm	Mc	P	.	.	M	.	D	N	W	O	E	De	C25a
H	31	Bm	Mc	.	.	O	M	O	M	N	D	Sf	P	De	C25b
V	20	Bm	Mc	.	.	.	M	M	N	G	O	O	O	Pe	C25c
S	32	Bm	Mc	.	.	F	.	O	D	N	D	H	P	De	E01a
B	21	Sm	Mc	F	O	F	M	O	N	.	W	O	P	Pe	E01b
V	42	Bm	Mc	Mc	P	O	O	O	N	M	C	Sf	I	De	E01c
T	31	Bm	Mc	P	P	O	O	O	N	N	W	S	P	Pp	E01d
V	41	Bm	Mc	Mc	P	O	O	O	M	E	C	.	.	.	E02a
T	32	Bm	Mc	Mc	Pc	O	M	O	N	G	D	H	.	Pe	E02b
V	43	Bm	Mc	Mc	Mc	G	M	Mc	M	N	C	.	.	Pe	E02c
T	31	Bm	Mc	Mc	Mc	E	M	O	D	D	E	.	O	De	E02d
V	31	Bm	Mc	Mc	.	.	M	O	M	G	W	H	P	Pe	E02e
S	33	Em	Mc	F	O	O	M	O	N	E	D	Hf	.	Pu	E03a
S	.	.	.	.	.	.	.	.	.	.	.	.	.	.	E03b
B	30	Do	O	O	O	F	M	M	M	O	W	O	.	.	E04a

1	3	7	12	14	16	19	20	22	24	25	27	28
E04b	Ostyak	03430	B	N	P	A	S	O	O	N	O	O
E05a	Yakut	12241	Gs	Fq	uP	C	P	O	O	T	S	Cc
E05b	Yukaghir	15400	Sx	Gn	Uv	E	O	O	B	S	.	O
E05c	Ket	03610	B	M	Vn	.	S	O	O	.	.	O
E06a	Chukchee	02350	S	Gq	uVu	A	O	O	B	Q	E	O
E06b	Koryak	11530	S	En	uVu	A	O	O	B	S	E	O
E07a	Ainu	23401	O	N	Vu	D	O	L	O	T	D	Ec
E07b	Gilyak	23500	B	N	P	S	S	O	O	Mm	I	O
E08a	Japanese	00217	O	Gm	Vn	A	O	O	K	Q	E	Jc
E08b	Okinawans	00226	Td	Gm	Pn	A	So	O	K	S	E	Ir
E09a	Koreans	00226	O	Gm	Pn	E	S	O	O	O	E	Jc
E09b	Manchu	00127	Bx	Em	P	C	S	O	O	C	I	Ic
E09c	Goldi	03412	B	Fn	P	.	S	O	O	E	.	Ec
E10a	Khalka	01081	Bd	Gm	Pn	A	Sl	O	K	N	O	C
E10b	Monguor	00136	B	Fn	P	S	S	O	O	C	.	Ic
E10c	Moghol	00046	B	Fn	P	D	So	O	O	Q	D	Jc
E10d	Kalmyk	01171	G	Em	Pn	C	Ps	O	O	N	O	Cc
E11a	Chekiang	00118	D	M	Np	A	S	O	O	Cp	H	Jc
E11b	Shantung	00127	D	Fm	P	S	S	O	O	T	D	Ir
E11c	Min Chinese	00127	B	Fn	P	D	Sl	O	O	E	H	Jc
E12a	Lepcha	01036	B	Fn	P	E	S	O	O	N	H	Ic
E12b	Tibetans	00046	Db	Go	P	A	S	O	O	T	E	Jc
E12c	Sherpa	00055	D	O	P	A	S	O	O	S	O	Ic
E12d	Lolo	01036	B	N	oP	C	P	O	O	Cm	D	Ic
E12e	Abor	02224	Bs	N	Vn	A	Ms	O	O	M	.	Ec
E13a	Ut.Pradesh	00028	G	Gn	P	E	Ms	O	K	.	D	Jc
E13b	Bhil	11125	B	Fn	P	E	S	O	O	N	D	Ic
E13c	Punjabi	00028	Db	Fm	oP	S	So	O	O	Qm	D	Ic
E13d	Pahari	00046	B	Fn	P	A	S	O	K	O	H	Ic
E13e	Gujarati	00127	Bd	N	P	T	P	O	O	Cc	H	Ic
E14a	Vedda	43300	T	Fm	Mn	C	O	S	O	Cp	I	O
E14b	Sinhalese	00136	D	M	Vu	A	O	O	Q	Cm	I	Jc
E15a	Toda	10090	T	O	P	C	S	S	O	Cc	I	O
E15b	Maria Gond	21025	B	Er	P	C	P	O	O	Cc	I	Ec
E15c	Telugu	00037	D	Fn	P	A	S	O	O	Cm	I	Jc
E15d	Coorg	01126	O	Fm	P	T	S	O	O	Cc	I	Ic
E15e	Chenchu	81010	T	M	B	E	P	O	O	Cm	I	Cc
E16a	Santal	01117	B	Fn	P	E	S	O	O	O	D	Jc
E16b	Bhuiya	11125	B	M	P	C	S	O	O	C	H	Er
E16c	Kol	10027	B	Fn	P	E	O	O	R	O	H	Ic
E16d	Baiga	11206	B	P	P	C	S	O	O	C	I	Ec
E17a	Lamet	12025	Bs	N	uPn	S	S	O	O	Mm	O	Ec
E17b	Nicobarese	11215	O	N	Uv	A	O	O	B	S	E	Ht
E17c	Khasi	11125	O	Em	M	S	O	P	O	C	I	Ec
E17d	Lawa	00118	B	Gm	Pu	S	L	O	O	Mm	.	Ec
E18a	Garo	00118	O	Gn	Ma	A	O	M	O	Cm	I	Ec
E18b	Ao Naga	01126	T	M	P	S	P	O	O	O	O	Ec

30	32	39	42	44	48	54	56	58	60	62	67	71	73	76	1
S	30	Do	.	F	F	.	M	M	M	O	W	Sf	.	De	E04b
S	32	Bm	Mc	Mc	F	F	M	M	N	F	W	Sf	E	Pe	E05a
S	30	O	O	.	.	.	M	M	O	O	O	If	S	Pu	E05b
S	20	Do	.	.	.	.	M	M	M	O	O	O	O	Pu	E05c
B	30	Do	Mc	O	P	F	M	M	N	O	W	If	I	Pe	E06a
T	30	Do	Mc	O	P	F	M	N	M	O	W	If	S	Pe	E06b
T	30	O	O	F	O	F	M	D	O	G	O	O	P	Pe	E07a
S	20	O	Mc	O	O	F	M	M	O	O	O	O	Q	Pe	E07b
X	24	Bm	Ii	F	Ii	O	O	M	M	M	C	O	E	Pp	E08a
V	32	Bo	Mc	G	N	O	O	M	D	E	Dc	O	E	Pp	E08b
V	32	Bo	Mc	F	M	O	M	N	M	E	C	Hf	S	Pp	E09a
V	41	Bo	Mc	P	P	F	O	F	N	N	W	If	E	Pu	E09b
V	31	P	.	.	.	O	M	D	.	F	O	S	.	.	E09c
S	33	Bm	Mc	O	O	O	M	O	D	M	D	Hf	P	Pe	E10a
H	31	Bm	Mc	Mc	O	O	M	M	D	E	D	S	P	Pe	E10b
H	31	Bm	Mc	F	.	.	O	O	N	M	W	.	C	De	E10c
S	43	Bm	Mc	.	.	F	M	O	N	M	D	.	P	Pe	E10d
V	34	So	Mc	Fi	Pc	O	O	Mc	Pb	N	C	O	C	Pe	E11a
V	44	Bo	Mc	P	P	O	O	.	M	E	C	.	A	Pe	E11b
V	34	Bo	Mc	P	P	O	O	M	G	M	C	O	E	Pe	E11c
N	31	Bm	O	F	O	F	M	O	E	E	W	Hf	P	Pe	E12a
V	33	Bm	Mc	Mc	.	O	M	Mc	D	E	C	S	E	Pq	E12b
T	32	Bm	Mc	F	.	O	.	O	N	D	W	Hf	C	Pe	E12c
V	30	Bo	Mc	P	O	O	M	O	E	E	D	H	P	Pe	E12d
V	30	Bo	Mc	F	P	G	M	E	N	N	W	H	O	Pe	E12e
X	44	Bm	Mc	Nc	Mc	O	O	O	Mc	Mc	De ,	O	C	Pe	E13a
N	31	Bm	Mc	O	P	G	M	E	N	N	C	O	P	Pe	E13b
X	44	Bm	Nc	Dc	Dc	O	Mc	Mc	N	M	D	O	P	Pe	E13c
V	44	Bm	Mc	Mc	O	.	O	M	G	N	C	O	E	Pe	E13d
V	33	Bm	Mc	Ec	Mc	O	O	F	D	E	C	.	.	Pe	E13e
S	30	O	O	O	E	D	M	M	O	O	O	O	.	Pe	E14a
V	33	Bm	Mc	.	D	.	.	.	.	N	C	O	.	Ce	E14b
T	31	Bm	O	O	O	F	O	O	M	O	O	O	C	Pe	E15a
V	31	So	O	O	O	G	M	M	N	D	W	O	P	O	E15b
V	43	Bm	Mc	Pc	Mc	O	Mc	M	D	N	C	O	.	Pe	E15c
H	42	Bm	Mc	.	.	O	M	M	.	M	C	Hf	P	Pe	E15d
T	30	Bm	O	O	O	E	M	M	N	M	O	O	.	Pe	E15e
V	31	Bo	Mc	Mc	P	F	M	M	N	E	O	O	P	Pe	E16a
W	21	Bo	.	O	P	F	M	N	M	E	.	O	P	Pe	E16b
V	31	Bo	Mc	O	.	G	O	O	N	N	.	O	C	Pe	E16c
W	20	O	.	.	P	F	M	E	O	E	O	O	.	Pe	E16d
V	30	Bo	O	O	O	F	M	M	D	E	W	O	P	Pe	E17a
H	30	P	Mc	O	Fc	F	M	M	F	M	O	O	C	Ce	E17b
V	41	Bo	Mc	Fc	Fc	F	M	E	N	G	D	H	C	Nu	E17c
V	31	Bo	Mc	F	.	O	M	E	N	E	D	.	S	.	E17d
V	31	Bo	O	F	F	E	M	D	D	D	W	Sf	M	M	E18a
V	20	Bo	Mc	F	F	O	M	M	.	E	W	Hf	O	Qe	E18b

1	3	7	12	14	16	19	20	22	24	25	27	28
E18c	Kachin	11026	B	Fn	Pn	S	Sl	O	O	Mm	I	Ec
E18d	Angami	01126	T	M	P	S	Ms	O	O	.	O	Jc
E18e	Sema Naga	01225	B	N	P	S	S	O	O	Mm	O	Ec
E19a	Burmese	00028	D	M	uNv	D	O	O	K	Q	H	Jc
E19b	Lakher	02116	B	N	P	A	So	O	O	Em	O	Jc
E19c	Karen	01216	O	M	U	A	O	O	B	S	E	Jc
E19d	Purum	01027	Sd	Gn	uP	A	Sl	O	O	Mm	S	Ec
E19e	Akha	12115	O	N	P	A	L	O	O	O	I	Ec
E20a	Andamanese	42400	O	M	B	A	O	O	B	O	E	O
E21a	Siamese	00118	T	N	bN	A	O	O	B	Q	H	Jc
E21b	Li	01117	B	Gn	oP	E	So	O	O	.	.	Ic
E21c	Miao	01126	B	N	P	S	S	O	K	Cc	H	Jc
E22a	Annamese	00226	T	Fp	P	S	S	O	O	O	H	Jc
E22b	Muong	01225	B	Fn	uP	C	S	O	O	N	.	Jc
E23a	Khmer	10225	T	N	N	.	O	O	B	.	E	Ic
E23b	Cambodians	10216	B	N	uNb	A	O	O	K	Q	E	Jc
E23c	Mnong Gar	10225	G	N	M	S	O	S	O	Mm	C	Ec
E24a	Semang	43300	O	N	uV	E	O	O	B	O	H	O
E24b	Senoi	11206	O	En	B	A	O	O	K	O	H	Ec
E25a	Malays	00226	B	Fn	uVn	A	O	O	K	Q	H	Jc
E25b	Rhade	01018	D	En	M	S	O	P	O	C	C	Ec
E25c	N.Sembilan	00118	B	N	M	C	O	S	O	Cm	S	Jc
I01a	Badjau	00802	B	M	B	A	O	O	K	Q	E	Hr
I01b	Selung	11800	O	N	uNv	A	O	O	B	.	E	O
I02a	Batak	00127	B	Fn	Pu	A	S	O	O	Mm	S	Jc
I02b	Kubu	33202	St	N	uB	.	O	O	B	N	.	Hr
I02c	Mentaweians	01216	S	M	Vu	S	O	O	S	T	E	Hr
I02d	Minangkabau	00127	O	En	Om	S	O	Ps	O	C	H	Jc
I03a	Javanese	00028	Ot	N	uN	A	O	O	B	T	E	Jc
I03b	Balinese	00037	T	Fn	Pu	S	P	O	O	Qa	H	Jc
I03c	Sumbawanese	01117	O	M	uN	A	O	O	K	Q	E	Ec
I03d	Ili-Mandiri	01315	Bx	Fn	Pu	S	S	O	O	Cm	.	Ec
I03e	Sumbanese	01027	G	Gn	P	C	S	O	O	Mm	.	Jc
I04a	Iban	00226	O	Gm	B	A	O	O	K	Q	E	Ec
I04b	Toradja	02026	B	Em	U	A	O	O	B	S	H	Ec
I04c	Macassarese	00226	B	N	Bn	S	O	O	R	Q	E	Jc
I04d	Dusun	01225	B	N	Vu	D	O	O	Kr	N	E	Ec
I05a	Alorese	20017	Bd	N	Vu	E	So	O	K	N	H	Ec
I05b	Tanimbarese	11215	Bs	Fn	uP	A	L	O	O	Cm	H	Er
I05c	Belu	00037	B	Ep	M	S	O	L	O	Mm	H	Ec
I05d	Ambonese	00316	B	M	Vn	S	L	O	K	N	.	Ec
I06a	Aranda	64000	D	R	P	C	M	M	O	Rr	I	O
I06b	Walbiri	64000	T	R	P	A	Ms	Ms	O	N	I	O
I06c	Dieri	73000	X	R	V	E	O	M	O	Rr	I	O
I06d	Kariera	35200	X	R	P	C	M	M	O	Cc	I	O
107a	Murngin	53200	S	R	uP	C	M	M	O	Mm	S	O
107b	Tiwi	53200	Bs	Fp	Vu	A	O	P	O	Ss	I	O

30	32	39	42	44	48	54	56	58	60	62	67	71	73	76	1
V	41	Bo	Mc	.	P	F	M	O	G	N	D	Sf	P	Pu	E18c
V	30	Bo	Mc	F	P	O	M	N	.	E	W	I	P	Pe	E18d
V	30	Bo	M	F	F	O	M	M	.	E	De	O	.	Pe	E18e
V	23	Bo	Mc	F	Mc	O	Mc	Mc	M	N	C	Sf	A	Ce	E19a
V	31	Bo	Mc	F	F	O	M	M	D	E	D	H	P	Pp	E19b
V	30	Bo	O	F	O	N	M	E	.	E	W	If	P	Ce	E19c
V	30	Bo	Mc	F	O	O	M	O	D	E	W	.	O	Pu	E19d
W	20	Bo	Mc	F	.	E	M	E	E	G	O	O	Q	Pe	E19e
S	20	O	O	O	F	G	M	D	O	O	O	O	C	.	E20a
V	34	Bo	Mc	.	.	O	M	M	E	N	W	O	E	Ce	E21a
V	32	Bo	O	F	F	.	M	M	D	D	W	.	P	Pe	E21b
H	31	Bo	Mc	F	P	O	M	M	F	N	O	O	A	Pu	E21c
V	34	Bo	Mc	Pc	Pc	.	.	N	.	N	C	Sf	E	Ce	E22a
N	32	Bo	Mc	F	Pc	F	M	N	.	D	De	O	P	.	E22b
V	24	Bo	Mc	P	P	P	N	N	D	E	Cd	H	.	.	E23a
V	23	Bo	Mc	F	P	.	.	N	F	E	Cd	Sf	E	Ce	E23b
W	30	Bo	Mc	F	F	F	M	E	E	E	W	I	O	Ce	E23c
B	20	O	O	O	O	D	M	M	O	O	O	O	P	Ce	E24a
W	30	O	.	.	.	D	M	D	O	D	O	O	O	O	E24b
V	32	Bo	Mc	F	P	.	M	M	N	E	D	If	.	Ce	E25a
H	30	Bo	Mc	F	O	F	M	M	E	N	W	O	M	.	E25b
N	33	Bo	O	O	.	O	O	E	E	G	O	O	E	Nq	E25c
B	20	So	O	O	O	O	O	N	.	G	W	O	P	.	I01a
B	20	O	O	O	.	O	M	N	Q	O	O	O	.	.	I01b
V	30	Bo	Mc	F	F	O	M	.	N	E	W	Sf	P	Pe	I02a
B	20	O	O	O	O	.	M	.	O	.	O	O	.	Ce	I02b
V	30	P	O	O	O	O	M	N	.	D	O	O	O	.	I02c
V	42	Bo	Mc	F	P	.	.	M	.	N	D	Hf	N	Ne	I02d
X	34	Bo	Mc	O	E	O	O	O	N	D	C	O	E	Ce	I03a
V	43	Bo	Mc	Mc	Pc	M	O	O	D	M	C	O	E	Pe	I03b
T	22	Bo	Mc	.	P	.	M	E	.	E	O	O	E	.	I03c
V	42	So	Mc	F	O	.	.	.	D	N	D	Hf	.	Pe	I03d
X	21	Bo	Mc	.	P	.	M	.	.	G	D	H	P	Pp	I03e
V	30	P	Mc	F	F	E	M	N	N	E	O	Hf	C	Ce	I04a
V	31	Bo	Mc	O	P	.	M	.	.	E	W	Sf	E	Ce	I04b
N	33	Bo	Mc	F	P	O	O	M	N	N	Dc	Hf	P	.	I04c
V	30	Bo	.	P	P	M	M	D	D	D	W	O	C	Ce	I04d
X	32	P	Mc	O	.	G	M	O	M	G	W	If	.	.	I05a
V	31	P	Mc	P	P	M	M	M	G	G	D	If	P	Pe	I05b
H	41	Bo	Mc	P	P	.	M	.	N	D	D	Hf	N	.	I05c
V	32	P	Mc	P	P	.	.	.	.	.	D	Hf	P	Pe	I05d
B	20	O	O	O	O	F	M	O	O	O	O	O	P	Pp	I06a
B	20	O	O	O	O	F	M	O	O	O	O	O	O	Ne	I06b
B	21	O	O	O	O	F	M	M	O	O	O	O	P	.	I06c
B	20	O	O	O	O	F	M	M	O	O	O	O	.	.	I06d
B	20	O	O	O	O	G	M	N	O	O	O	O	P	.	I07a
B	30	O	O	O	O	F	M	D	O	O	O	O	P	.	I07b

1	3	7	12	14	16	19	20	22	24	25	27	28
I07c	Wikmunkan	44200	D	R	P	C	M	O	O	Mm	I	O
I07d	Gidjingali	53200	X	P	P	A	M	M	O	Rr	S	O
I07e	Gr.Eylandt	31600	O	R	uP	C	M	M	O	Ss	S	O
I08a	Enga	01027	B	N	Pu	Cs	Ps	O	O	O	I	Er
I08b	Purari	41212	B	P	P	S	M	O	O	N	H	Ht
I08c	Siane	11017	B	.	Op	Cs	P	O	O	O	I	Hr
I08d	Orokaiva	21115	B	N	P	S	S	O	O	C	I	Hr
I08e	Koita	12115	B	N	P	A	S	O	O	N	H	Hr
I08f	Rossel	31303	B	N	Vu	A	O	S	O	O	C	Ht
I09a	Kapauku	01126	B	Fp	P	C	Ps	O	O	Ss	I	Er
I09b	Kimam	21106	Xb	Fn	Vu	S	L	O	K	N	H	Ir
I09c	Keraki	01117	X	P	P	C	M	O	O	O	I	Hr
I09d	Marindanim	12214	X	M	Op	S	Ms	O	O	O	Z	Hr
I09e	Tobelorese	11206	B	Em	Vu	E	O	O	B	O	.	Ec
I10a	Kwoma	32014	B	P	P	Cs	L	O	O	S	O	Hr
Il0b	Arapesh	21016	O	P	P	S	Ml	O	O	O	O	Hr
I10c	Wantoat	02017	X	Q	P	C	Sl	O	K	Cc	I	Hr
I10d	Abelam	21016	Bx	N	P	S	S	O	O	O	I	Hr
I10e	Siuai	21025	B	N	vAu	S	O	S	O	Cm	H	Hr
I11a	Trobrianders	10315	G	N	Av	S	O	P	O	D	C	Hr
I11b	Motu	10405	Bs	F.	Pu	S	L	O	K	N	H	Er
I11c	Dobuans	00316	G	M	C	C	O	S	O	O	I	Hr
I11d	Wogeo	20215	G	P	P	T	L	M	O	S	I	Hr
I11e	Dahuni	01315	G	En	D	A	O	S	O	O	H	Hr
I12a	Manus	00910	G	N	Pn	S	L	L	O	Rr	Z	Ct
I12b	Lesu	01414	B	N	M	S	O	M	O	S	I	Hr
I12c	Lakalai	21214	Bx	Fr	vDn	S	O	P	K	Cc	I	Hr
I12d	Waropen	31312	G	En	P	S	Sl	O	O	Mm	I	Ht
I13a	Buka	10315	G	N	Av	S	O	P	O	D	C	Hr
I13b	Ulawans	01306	B	N	V	S	O	O	R	O	H	Hr
I13c	Kaoka	00316	B	M	vAv	S	O	S	O	O	I	Hr
I13d	Choiseulese	11116	B	N	Vu	S	O	O	Rk	O	H	Hr
I14a	Mota	00316	B	R	A	S	O	Ms	O	O	C	Hr
I14b	Ajie	00316	X	.	P	C	Ps	O	O	Cc	I	Jr
I14c	Seniang	01315	B	R	P	C	P	O	O	N	C	Hr
Il4d	Lifu	10315	Bs	Eq	P	C	L	O	O	N	H	Hr
I15a	Lau	00415	G	Fr	oPu	C	Ps	O	O	Cc	I	Hr
I15b	Vanua Levu	01306	G	Fn	Pu	S	L	M	O	S	I	Hr
I15c	Rotumans	00217	O	M	Ma	S	O	L	K	S	H	Hr
I16a	Samoans	00316	G	En	B	S	O	O	S	N	H	Hr
I16b	Pukapukans	00415	G	M	P	S	So	Sl	K	N	H	Ht
I16c	Tongans	00316	O	N	Va	S	O	O	R	O	H	Hr
I16d	Ellice	00514	G	Fn	Vu	S	O	O	S	O	H	Ht
I16e	Uveans	00406	O	N	Vu	.	O	O	S	N	H	Hr
I17a	Marquesans	00415	O	O	uVn	A	O	O	B	Cc	H	Ht
I17b	Tahitians	00415	O	N	B	A	O	O	R	O	H	Ht
I17c	Mangarevans	00604	O	N	Vu	A	O	O	R	S	H	Ht

30	32	39	42	44	48	54	56	58	60	62	67	71	73	76	1
B	20	O	O	O	O	F	M	D	O	O	O	O	.	.	I07c
B	20	O	O	O	O	F	N	D	O	O	O	O	O	.	I07d
B	20	O	O	O	O	G	M	D	O	O	O	O	.	.	I07e
N	40	P	O	O	O	O	M	O	G	D	O	O	O	Pe	I08a
V	41	P	O	O	O	D	M	G	F	N	O	O	I	Pe	I08b
W	30	P	O	O	O	E	M	O	F	G	W	O	I	O	I08c
V	30	P	O	O	F	E	M	N	E	G	O	O	C	.	I08d
V	30	P	O	O	P	.	M	N	.	E	D	O	P	Ce	I08e
V	30	P	O	O	O	N	M	M	.	G	W	O	O	.	I08f
V	31	P	O	O	O	O	M	F	F	D	W	O	I	.	I09a
W	40	P	O	O	O	D	M	G	.	N	O	O	.	O	I09b
T	30	P	O	O	O	O	M	D	F	E	O	O	O	Pe	I09c
H	40	P	O	O	O	D	M	F	F	G	O	O	O	.	I09d
V	32	P	O	O	O	.	M	D	.	E	O	H	E	De	I09e
H	30	P	O	O	P	E	M	F	F	E	O	O	O	Pe	I10a
H	20	P	O	O	.	M	M	O	F	N	O	O	O	Pe	I10b
V	30	P	O	O	O	O	M	O	F	D	O	O	I	Pe	I10c
V	30	P	O	O	F	.	M	.	F	D	O	O	O	Pp	I10d
H	30	P	O	O	G	G	M	D	G	E	W	O	I	Ce	I10e
V	21	P	O	O	P	F	M	N	F	D	D	O	M	Me	I11a
V	40	P	O	O	G	.	M	N	E	E	W	O	P	Dp	I11b
V	30	P	O	O	.	O	M	N	.	E	O	O	O	M	I11c
V	30	P	O	O	O	G	O	N	.	D	O	O	P	Pe	I11d
H	40	P	O	O	F	.	M	D	.	D	W	O	M	O	I11e
V	30	P	O	O	P	F	O	N	G	O	W	O	O	O	I12a
H	30	P	O	O	O	O	M	N	F	G	O	O	I	Me	I12b
H	40	P	O	O	.	N	M	D	F	E	W	O	C	Ce	I12c
V	40	P	O	.	.	N	M	M	M	G	O	If	S	.	I12d
V	30	P	O	O	F	G	M	N	F	G	Dw	O	M	.	I13a
H	30	P	O	O	O	O	M	N	F	E	O	O	P	Ce	I13b
H	30	P	O	O	.	F	M	D	E	D	W	.	I	Mc	I13c
H	30	P	O	O	P	.	M	.	.	D	W	I	P	P.	I13d
V	30	P	O	O	O	O	O	N	N	.	W	O	S	Me	I14a
V	31	P	O	O	.	.	.	.	.	G	O	O	P	.	I14b
V	20	P	O	O	O	O	M	N	N	E	W	O	P	.	I14c
V	31	P	O	O	.	N	O	N	.	F	D	Sf	P	Pe	I14d
V	32	P	O	O	F	G	M	D	M	N	W	O	Q	Pe	I15a
V	41	P	O	O	.	F	M	G	E	N	O	O	.	.	I15b
V	31	P	O	O	P	O	O	D	.	M	D	O	Q	.	I15c
V	42	P	O	O	O	O	O	D	E	D	D	O	P	.	I16a
V	31	P	O	O	O	N	O	D	E	F	O	O	P	.	I16b
V	32	P	O	O	O	.	.	N	M	N	D	O	P	.	I16c
V	31	P	O	O	O	O	O	D	.	N	D	O	.	Qp	I16d
V	32	P	O	O	O	.	O	D	F	M	D	O	Q	.	I16e
N	31	P	O	O	O	F	M	N	F	N	D	O	P	Cp	I17a
V	32	P	O	O	O	.	O	N	.	N	D	O	P	.	I17b
V	32	O	O	O	O	.	O	N	O	E	D	O	P	Pp	I17c

1	3	7	12	14	16	19	20	22	24	25	27	28
I17d	Raroians	10504	O	En	Bn	A	O	O	Rk	.	H	Ht
I17e	Easter	01207	O	Fn	Vu	.	O	O	R	O	H	Er
I18a	Maori	31204	O	Fp	V	S	O	O	Rk	Ss	H	Er
I18b	Hawaiians	10405	O	En	B	S	O	O	Rk	S	H	Jr
I19a	Tikopia	00505	G	Q	P	A	Sl	O	K	S	H	Hr
I19b	Ontong-Java	00505	O	En	Uv	A	O	O	S	N	H	Ht
I19c	Kapingamar	00415	O	Fn	vB	A	O	O	K	N	H	Hr
I20a	Makin	01414	Gs	N	Vu	S	O	O	R	N	H	Ht
I20b	Nauruans	00406	O	Fn	M	A	O	S	K	Cc	I	Ht
I20c	Majuro	00415	O	Em	B	S	O	S	K	C	I	Ht
I21a	Trukese	00505	O	Em	Mv	S	O	S	K	N	C	Ht
I21b	Ponapeans	00316	O	N	Ma	A	O	S	O	Cc	C	Hr
I21c	Woleaians	00415	O	Em	B	A	O	S	K	N	H	Ht
I21d	Kusaians	00415	O	N	Vn	A	O	Sl	O	C	H	Ht
I21e	Lamotrek	00415	O	Fm	Mv	S	O	S	O	.	H	Hr
I22a	Yapese	00415	O	Fm	Pa	S	L	S	O	S	C	Hr
I22b	Palauans	00415	B	N	vAv	S	O	Ps	S	N	H	Hr
I22c	Chamorro	00127	O	M	N	A	O	O	B	N	E	Ec
I23a	Hanunoo	10117	S	N	Uv	A	O	O	K	N	E	Ec
I23b	Subanun	00019	Bs	N	uBn	A	O	O	K	Q	H	Ec
I23c	Sugbuhanon	00217	B	M	N	A	O	O	B	O	E	Jc
I23d	Tagbanua	01117	St	N	Uv	D	O	O	K	N	E	Ec
I24a	Ifugao	02116	B	M	B	A	O	O	Kr	N	H	Jc
I24b	Kalinga	02116	O	Fm	Un	A	O	O	K	S	E	Jc
I24c	Sagada	00037	G	M	B	A	O	O	Kr	S	E	Jc
I25a	Atayal	02116	B	Gm	Vu	A	Lo	O	R	N	H	Ec
I25b	Paiwan	02116	B	Gn	Vu	D	O	O	Rk	N	H	Ec
I25c	Yami	00415	O	M	V	A	O	O	K	O	E	Er
I25d	Ami	01117	O	Fm	M	S	O	Sl	O	N	E	Jc
N01a	Aleut	13600	S	Ep	uV	A	O	O	Q	Qm	I	O
N01b	Nunamiut	17200	S	Gn	uB	A	O	O	K	N	E	O
N01c	Tareumiut	03700	O	Fp	B	A	O	O	K	N	I	O
N01d	Chugach	02800	O	.	uV	A	O	O	B	C	E	O
N01e	Nunivak	13600	O	Fn	uVn	A	O	O	Q	Q	I	O
N02a	Copper Eskimo	04600	S	M	Nv	D	O	O	B	S	E	O
N02b	Caribou Esk.	15400	B	Gp	B	A	O	O	B	N	Z	O
N02c	Angmagsalik	02800	O	En	Vu	A	O	O	B	O	E	O
N02d	Iglulik	05500	O	Fn	Vu	E	O	O	K	N	H	O
N02e	Polar Eskimo	14500	O	N	Bn	A	O	O	B	.	E	O
N03a	Saulteaux	24400	O	Fn	Vu	A	S	O	O	Cc	I	O
N03b	Micmac	15400	S	N	uV	A	O	O	B	N	H	O
N03c	Cree	25300	O	Fn	Uv	A	O	O	B	Q	.	O
N03d	Naskapi	17200	Ox	Fn	B	A	O	O	B	Cc	I	O
N03e	Ojibwa	34300	B	Fn	uB	A	S	O	O	Cc	I	O
N04a	Kaska	14500	S	Em	M	S	O	M	O	Mm	C	O
N04b	Chilcotin	23500	Gs	Fn	Vu	A	O	O	K	N	H	O
N04c	Sarsi	28000	B	R	Vn	A	O	O	B	O	H	O

30	32	39	42	44	48	54	56	58	60	62	67	71	73	76	1
N	31	O	O	O	O	E	O	N	O	N	O	O	P	Ce	I17d
V	21	O	O	O	O	.	.	N	O	N	D	I	P	.	I17e
V	31	O	O	F	O	N	M	N	O	N	D	I	P	P.	I18a
V	32	P	O	O	O	.	O	N	.	M	De	Hf	P	Cp	I18b
H	31	O	O	O	O	O	O	D	O	G	D	O	P	.	I19a
T	40	O	O	M	O	O	O	M	O	M	W	O	Q	.	I19b
V	31	P	O	F	O	O	M	N	.	F	D	O	P	Ce	I19c
X	31	P	O	O	O	O	Mb	N	E	G	D	O	S	Pe	I20a
N	31	O	O	O	O	O	M	D	O	E	D	O	.	.	I20b
V	31	P	O	O	O	O	O	N	.	N	D	O	N	Pe	I20c
H	30	P	O	F	O	O	O	D	F	N	O	O	M	Pe	I21a
N	32	P	O	F	O	O	O	N	.	N	D	O	N	Ne	I21b
V	31	P	O	F	O	F	O	N	F	D	O	O	N	.	I21c
N	32	P	O	F	O	O	O	D	.	M	D	O	.	.	I21d
N	30	P	O	M	O	O	O	M	F	G	O	O	N	.	I21e
N	31	P	O	F	.	O	.O	N	F	G	D	O	Q	Ne	I22a
V	42	P	O	F	F	O	O	N	.	G	Dw	O	N	Pe	I22b
V	21	Bm	Mc	O	O	O	O	M	.	E	O	O	E	Ce	I22c
H	20	Bo	Mc	F	.	G	M	N	N	E	O	O	O	Ce	I23a
N	20	P	.	.	.	M	M	M	.	E	O	O	O	Ce	I23b
V	23	Bo	Mc	F	F	.	M	N	.	E	C	O	E	Ce	I23c
V	20	Bo	Mc	.	.	.	M	M	.	E	D	If	O	Ce	I23d
H	30	P	Mc	F	D	.	.	G	.	G	W	Hf	O	Cp	I24a
H	21	Bo	Mc	F	F	E	M	N	E	D	W	O	C	Cp	I24b
V	30	Bo	Mc	F	O	O	M	E	Nb	E	W	O	O	Ce	I24c
V	31	P	Mc	F	P	M	M	M	F	G	O	If	E	Pu	I25a
V	31	P	Mc	F	P	.	M	M	F	G	D	O	P	Cp	I25b
V	20	So	Mc	F	P	F	M	N	F	D	O	O	O	Pe	I25c
V	30	Bo	Mc	F	P	.	M	M	N	E	O	.	E	M.	I25d
V	30	O	O	O	O	F	M	M	O	O	D	H	P	Ce	N01a
S	20	O	O	O	F	F	M	N	F	O	W	O	I	Ce	N01b
T	30	O	O	O	F	O	M	D	O	O	W	O	O	Pe	N01c
V	30	O	O	O	O	G	M	N	O	O	D	Sf	P	Pe	N01d
T	30	O	O	O	F	F	M	N	O	O	W	O	O	Pe	N01e
S	20	O	O	O	O	F	M	N	O	O	O	O	O	Ce	N02a
S	20	O	O	O	O	G	M	N	O	O	O	O	S	O	N02b
T	30	O	O	O	O	F	M	M	O	O	O	O	O	Pp	N02c
S	30	O	O	O	O	O	M	N	O	O	O	O	S	O	N02d
S	20	O	O	O	O	D	N	N	O	O	O	O	O	O	N02e
S	30	O	O	O	O	F	M	N	O	O	O	O	O	.	N03a
S	21	O	O	F	O	.	M	N	O	O	O	O	P	.	N03b
S	20	O	O	O	O	F	M	E	O	O	O	O	C	O	N03c
S	20	O	O	O	O	F	M	.	O	O	O	O	S	Pe	N03d
S	30	O	O	O	O	G	M	E	O	O	O	O	O	Ce	N03e
S	20	O	O	O	O	F	M	E	O	O	O	O	O	Pe	N04a
S	30	O	O	O	O	G	N	N	O	O	W	If	P	Pe	N04b
B	21	Eo	O	O	O	F	M	M	M	O	O	O	I	Ce	N04c

1	3	7	12	14	16	19	20	22	24	25	27	28
N04d	Slave	15400	S	R	uVu	A	O	O	K	O	H	O
N04e	Carrier	24400	Bs	Fr	uMv	A	O	P	O	Cc	I	O
N05a	Ingalik	14500	O	N	Uv	A	O	O	B	S	H	O
N05b	Tanaina	14500	Sb	Fp	uVn	A	O	M	O	N	I	O
N05c	Nabesna	26200	Ts	M	Uv	A	O	P	O	Cc	I	O
N05d	Kutchin	14500	O	N	uVu	A	O	S	O	O	H	O
N05e	Tahltan	15400	B	N	uAb	E	O	S	O	.	.	O
N06a	Haida	22600	S	En	uA	C	O	M	O	Cp	C	O
N06b	Kwakiutl	32500	Gb	Fn	Vu	E	O	O	Rk	Ss	H	O
N06c	Tlingit	13600	Gb	Fn	A	C	O	M	O	Pp	C	O
N06d	Nootka	22600	G	Fn	Vu	E	O	O	B	N	H	O
N06e	Tsimshian	22600	Bd	Ep	A	A	O	P	O	Cm	I	O
N07a	Twana	13600	Gb	En	V	E	O	O	K	N	H	O
N07b	Bellacoola	22600	G	Fp	Vu	A	O	O	R	O	H	O
N07c	Puyallup	32500	Gb	Ep	Vu	A	O	O	K	S	H	O
N07d	Stalo	33400	G	Fp	Vu	E	O	O	B	N	H	O
N07e	Quinault	23500	T	Fn	Vu	E	O	O	K	N	E	O
N08a	Yurok	41500	B	Fp	Vu	E	O	O	B	N	H	O
N08b	Tolowa	42400	B	P	Pu	C	L	O	O	E	I	O
N08c	Alsea	12700	B	Fn	Vu	E	O	O	B	O	I	O
N08d	Sinkyone	43300	B	Fn	uB	A	O	O	B	N	H	O
N08e	Wishram	32500	G	Fp	Vu	A	O	O	B	N	H	O
N09a	Pomo	43300	O	Fn	B	A	O	O	B	S	O	O
N09b	Shasta	43300	B	Fn	Vu	E	O	O	B	N	I	O
N09c	Coast Yuki	42400	O	Q	uB	E	O	O	B	O	H	O
N09d	Yana	52300	S	Fn	uV	A	O	O	B	N	E	O
N09e	Atsugewi	43300	Gb	Fr	uV	E	O	O	B	N	E	O
N10a	Yokuts	43300	O	Eq	uP	S	Ml	O	O	N	H	O
N10b	Maidu	53200	S	Fr	bVu	A	O	O	B	N	I	O
N10c	Wintu	33400	O	N	Vu	E	O	O	B	N	O	O
N10d	Miwok	63100	O	R	P	C	Ml	O	O	O	O	O
N10e	Washo	43300	O	N	uBn	A	O	O	B	N	H	O
N11a	Ute	36100	O	N	Uv	A	O	O	B	N	H	C
N11b	Tubatulabal	53200	B	M	Vu	A	O	O	B	N	H	O
N11c	Kaibab	73000	O	N	uV	A	O	O	B	N	H	Jc
N11d	Mono	54100	T	Fn	uVu	E	O	O	B	N	H	O
N11e	Luiseno	62200	B	R	P	C	M	O	O	N	I	O
N11f	Comanche	19000	O	Er	B	D	O	O	B	O	H	O
N12a	Wadadika	53200	O	N	Uv	A	O	O	B	N	H	O
N12b	Agaiduka	33400	S	N	uV	A	O	O	B	N	H	O
N12c	Kuyuidokado	52300	O	N	U	A	O	O	B	N	H	O
N12d	Wind River	35200	S	Fn	U	A	O	O	B	N	H	O
N12e	Gosiute	54100	O	N	Uv	A	O	O	B	Cc	H	O
N13a	Klamath	32500	G	Fn	Vu	A	O	O	B	N	H	O
N13b	NezPerce	33400	B	En	Vu	E	O	O	K	N	H	O
N13c	Modoc	53200	G	Fn	uVu	A	O	O	B	N	H	O
N13d	Umatilla	33400	G	N	V	E	O	O	B	N	H	O

30	32	39	42	44	48	54	56	58	60	62	67	71	73	76	1
S	20	O	O	O	O	F	M	N	O	O	O	O	C	O	N04d
T	30	O	O	F	O	F	N	N	O	O	D	H	O	.	N04e
S	20	O	O	O	F	F	M	N	O	O	O	O	C	Pe	N05a
V	30	O	O	O	O	F	M	M	O	O	D	O	P	O	N05b
S	20	O	O	O	O	N	M	M	O	O	O	O	C	O	N05c
S	31	O	O	O	O	.	M	N	O	O	W	I	P	.	N05d
T	30	O	O	O	O	.	M	M	O	O	W	H	N	Ne	N05e
V	30	O	O	F	O	F	M	M	O	O	D	Hf	N	Np	N06a
V	31	O	O	F	O	F	M	N	O	O	D	Hf	P	Pp	N06b
T	30	O	O	F	O	F	M	M	O	O	D	H	M	Mp	N06c
T	31	O	O	G	O	F	M	N	O	O	D	H	P	De	N06d
T	41	O	O	F	O	F	M	N	O	O	D	Hf	N	Np	N06e
T	30	O	O	F	O	F	M	N	O	O	W	Hf	I	Pe	N07a
V	30	O	O	O	O	F	M	M	O	O	D	H	O	Pe	N07b
T	30	O	O	F	O	G	M	N	O	O	W	I	I	O	N07c
T	30	O	O	P	O	G	M	M	O	O	D	H	C	O	N07d
S	30	O	O	P	O	F	M	M	O	O	D	H	I	Pe	N07e
V	30	O	O	O	O	G	M	N	O	O	W	I	I	Ce	N08a
T	20	O	O	O	O	G	M	M	O	O	W	I	P	Pe	N08b
V	30	O	O	O	O	F	M	N	O	O	W	H	I	.	N08c
V	30	O	O	O	O	F	M	N	O	O	W	O	P	O	N08d
T	30	O	O	O	O	F	M	M	O	O	W	H	P	.	N08e
T	30	O	O	O	O	G	M	N	O	O	W	O	C	Pe	N09a
T	31	O	O	O	O	G	M	N	O	O	W	I	Q	Pe	N09b
S	20	O	O	O	O	G	M	N	O	O	O	O	C	O	N09c
S	30	O	O	O	O	G	M	M	O	O	W	O	P	Pe	N09d
S	20	O	O	O	O	F	M	M	O	O	W	O	P	Pe	N09e
S	30	O	O	O	F	E	M	N	O	O	W	O	Q	O	N10a
T	31	O	O	O	O	G	M	N	O	O	W	O	C	O	N10b
S	20	O	O	O	O	G	M	M	O	O	W	O	P	O	N10c
T	20	O	O	O	O	.	M	.	O	O	O	O	P	O	N10d
S	20	O	O	O	O	G	M	E	O	O	O	O	P	O	N10e
S	20	Eo	O	O	O	G	M	M	M	D	O	O	P	O	N11a
S	21	O	O	O	F	G	M	N	O	O	O	O	P	O	N11b
S	20	O	O	O	M	G	M	O	O	D	O	O	C	O	N11c
S	30	O	O	O	F	F	M	M	O	O	O	O	P	O	N11d
S	20	O	O	O	P	G	M	.	O	O	O	O	P	O	N11e
B	30	Eo	O	O	O	F	M	O	M	O	O	If	C	O	N11f
S	20	O	O	O	O	F	M	M	O	O	O	O	C	O	N12a
S	20	O	O	M	P	F	M	M	O	O	O	O	C	O	N12b
S	20	O	O	O	O	G	M	M	O	O	O	O	C	O	N12c
S	21	Eo	O	O	O	G	M	M	M	O	O	O	C	O	N12d
S	20	O	O	F	P	G	M	.	O	O	O	O	O	O	N12e
S	30	O	O	O	O	F	M	N	O	O	W	I	E	Pp	N13a
S	31	Eo	O	O	O	F	M	M	M	O	W	I	E	O	N13b
S	30	O	O	O	O	F	M	M	O	O	W	I	E	Pp	N13c
S	21	Eo	O	O	O	F	M	M	.	O	O	I	C	.	N13d

1	3	7	12	14	16	19	20	22	24	25	27	28
N13e	Tenino	32500	G	Gp	Vu	E	O	O	K	N	H	O
N14a	Sanpoil	32500	T	Gp	V	A	O	O	B	N	H	O
N14b	Shuswap	33400	G	Fp	V	A	O	O	B	N	H	O
N14c	Flathead	34300	O	R	Vu	A	O	O	K	N	H	O
N14d	Sinkaietk	33400	G	R	vBn	D	O	O	K	N	H	O
N14e	Kutenai	33400	O	N	uVu	A	O	O	B	N	H	O
N15a	Gros Ventre	28000	B	R	Vu	E	O	O	B	N	H	O
N15b	Cheyenne	28000	T	Er	Uv	E	O	O	K	N	H	Cc
N15c	Blackfoot	28000	B	Er	Vu	E	O	O	B	N	H	O
N15d	Arapaho	28000	O	Er	U	E	O	O	B	N	H	O
N15e	Plains Cree	26200	B	N	Vn	A	O	O	B	C	I	O
N16a	Omaha	13105	G	N	uP	S	Ms	O	O	N	O	Ec
N16b	Crow	28000	T	R	V	E	O	Ps	O	O	C	Cn
N16c	Assiniboin	27100	Bs	R	Vu	E	O	O	B	N	I	O
N16d	Hidatsa	12106	O	Fr	M	A	O	Ms	O	O	C	Ic
N16e	Winnebago	23203	S	Fn	uPn	S	M	O	O	C	O	Ec
N17a	Pawnee	14005	O	Er	M	D	O	L	O	Ss	C	Ec
N17b	Wichita	14005	S	Fr	Uv	A	O	O	K	O	H	Ec
N17c	Hasinai	13105	O	En	Uv	A	O	O	B	N	H	Ec
N17d	Arikara	03205	O	Fr	U	.	O	O	B	.	C	Ic
N17e	Kiowa	19000	O	R	Vu	A	O	O	K	O	H	O
N18a	Fox	14104	S	Er	uB	A	S	O	K	N	O	Ec
N18b	Shawnee	14203	T	Fn	P	A	S	O	O	N	O	Ec
N18c	Miami	23104	G	R	Pn	.	S	O	O	O	O	Ec
N18d	Menomini	42202	O	Fp	P	C	M	O	O	O	O	Ec
N18e	Chippewa	22402	O	Fn	uN	A	S	O	O	Cc	I	Ec
N19a	Iroquois	13204	O	Em	M	S	O	M	K	.	I	Ec
N19b	Huron	11305	O	Em	M	S	O	S	O	N	I	Ec
N19c	Cherokee	12205	O	Fn	M	S	O	S	O	S	C	Ec
N19d	Delaware	22204	O	En	Mv	S	O	S	O	.	H	Ec
N20a	Creek	22204	T	En	M	S	O	Ms	O	N	C	Ec
N20b	Choctaw	22204	O	N	Mn	A	O	M	O	N	C	Ec
N20c	Natchez	03205	O	Fr	V	A	O	O	B	N	Z	Ec
N20d	Timucua	22204	.	En	M	S	O	P	O	.	C	Ec
N20e	Yuchi	11206	O	N	Nu	A	O	S	O	.	C	Ec
N21a	Navaho	21034	T	Fs	Mv	A	O	Ps	O	N	I	Jc
N21b	Chiricahua	64000	O	Fr	Uv	A	O	O	B	N	H	Cc
N21c	Jicarilla	34102	O	Fr	U	A	O	O	B	O	I	Ec
N21d	W.Apache	34003	T	Fn	Mv	S	O	Ps	O	N	I	Ec
N21e	Kiowa-Apache	28000	G	Er	Uv	A	O	O	K	N	H	O
N22a	Zuni	11008	O	Em	M	S	O	Pl	O	O	C	Jc
N22b	Hopi	11017	O	Em	M	A	O	S	O	N	C	Jc
N22c	Tewa	01018	O	M	N	D	O	O	B	N	E	Jc
N22d	Santa Ana	11026	O	Fm	Bn	D	O	L	O	O	H	Jc
N22e	Jemez	12007	O	M	bN	D	O	L	O	N	E	Jc
N23a	Havasupai	32005	T	En	uV	D	O	O	Q	N	I	Jc
N23b	Diegueno	54100	B	Fs	Pu	C	S	O	O	N	I	O

30	32	39	42	44	48	54	56	58	60	62	67	71	73	76	1
T	20	Eo	O	O	O	G	M	N	O	O	W	If	P	O	N13e
S	20	O	O	O	F	F	M	N	O	O	O	O	P	Q	N14a
S	31	O	O	O	O	F	M	N	O	O	O	I	P	.	N14b
S	21	Eo	O	O	O	F	M	N	M	O	O	I	P	.	N14c
S	20	Eo	O	O	O	F	N	M	O	O	O	O	P	.	N14d
S	21	Eo	O	O	P	F	M	M	M	O	O	If	I	Pe	N14e
B	21	Eo	O	O	F	F	M	O	M	O	O	O	I	O	N15a
B	31	Eo	O	O	F	F	M	O	M	F	O	O	O	O	N15b
B	30	Eo	O	O	O	F	M	O	M	O	W	O	C	D.	N15c
S	31	Eo	O	O	O	F	M	O	M	O	O	O	I	O	N15d
B	20	Eo	O	O	O	F	M	M	M	O	O	O	P	.	N15e
T	31	Eo	O	O	F	F	M	E	M	G	O	If	I	Pe	N16a
S	21	Eo	O	O	O	F	M	O	M	.	O	O	I	Ne	N16b
B	20	Eo	O	O	O	F	M	M	M	O	O	O	C	O	N16c
T	30	Eo	O	O	F	F	M	.	N	F	O	O	C	P.	N16d
T	41	O	O	.	F	G	M	N	O	G	O	O	P	Pe	N16e
T	31	Eo	O	O	F	.	M	.	M	F	D	If	P	Np	N17a
T	31	Eo	O	O	.	F	M	O	M	F	O	O	P	O	N17b
H	32	O	O	O	F	F	M	.	O	G	D	I	P	.	N17c
V	32	Eo	O	O	F	.	M	M	.	F	.	O	P	.	N17d
S	31	Eo	O	O	.	.	M	O	.	O	O	O	I	.	N17e
S	41	Eo	O	O	F	.	M	.	M	F	O	Sf	P	O	N18a
T	31	O	O	O	F	.	M	.	O	F	O	I	P	Pe	N18b
T	31	O	O	F	F	F	M	.	O	F	O	Sf	P	.	N18c
T	31	O	O	.	F	G	M	M	O	F	O	Sf	.	.	N18d
S	30	O	O	O	O	F	M	G	O	G	O	O	P	.	N18e
V	32	O	O	O	F	F	M	M	O	F	O	O	N	Me	N19a
T	31	O	O	O	F	F	M	M	O	F	W	O	N	.	N19b
V	32	O	O	.	F	F	M	M	O	G	O	O	N	.	N19c
T	31	O	O	.	F	G	M	M	O	G	O	O	N	.	N19d
V	42	O	O	F	F	F	M	N	O	G	O	O	N	Pe	N20a
N	21	O	O	O	F	.	M	.	O	G	O	O	.	.	N20b
V	31	O	O	F	F	.	M	M	O	G	E	.	M	.	N20c
T	31	O	O	O	F	.	M	.	O	G	D	.	M	Me	N20d
V	31	O	O	.	F	.	M	E	O	E	O	O	E	.	N20e
T	30	So	Mc	F	F	F	M	O	E	N	O	If	C	Me	N21a
B	30	Eo	O	O	F	F	M	O	M	E	O	O	C	O	N21b
S	30	Eo	O	O	F	F	M	.	.	E	O	O	P	Ce	N21c
T	30	Eo	O	O	F	F	M	O	M	G	O	O	N	Ce	N21d
B	30	Eo	O	O	O	F	M	O	M	O	O	O	.	O	N21e
V	40	So	O	M	F	O	M	O	.	N	O	O	E	Ce	N22a
V	40	So	O	M	F	F	M	O	M	M	O	O	N	Pe	N22b
V	20	Eo	O	M	F	.	M	.	.	M	O	O	E	Ce	N22c
V	30	Bo	O	O	F	.	M	O	.	N	W	O	E	Ce	N22d
V	30	Eo	O	M	F	E	M	O	.	M	O	O	E	Qe	N22e
T	30	O	O	O	F	F	M	O	O	N	O	O	Q	.	N23a
S	30	O	O	O	P	F	M	O	O	O	O	O	P	O	N23b

1	3	7	12	14	16	19	20	22	24	25	27	28
N23c	Maricopa	41203	O	N	P	A	S	O	O	N	I	Jc
N23d	Walapai	64000	O	Fŋ	uVu	A	O	O	B	C	I	Cc
N23e	Yuma	21205	O	M	Pu	C	S	O	O	N	I	Ic
N24a	Aztec	01117	T	N	V	S	O	O	R	O	H	Jc
N24b	Tarahumara	11035	S	N	uNb	D	O	O	K	S	H	Ic
N24c	Papago	32005	O	Fr	V	A	O	O	B	N	H	Jc
N24d	Huichol	12115	O	Fn	uB	D	O	O	K	Q	H	Ec
N24e	Pima	31105	O	Fn	V	A	O	O	B	N	I	Jc
N25a	Mixe	01018	O	Fm	V	S	O	O	B	.	H	Ec
N25b	Chinantec	00028	O	Gm	V	D	O	O	B	N	H	Ec
N25c	Zapotec	00118	O	M	Vn	D	O	O	B	O	H	Ec
N25d	Popoluca	01108	O	R	V	.	O	O	B	O	H	Ec
S01a	Quiche	00019	T	N	P	S	L	O	O	O	H	Ec
S01b	Yucatec Maya	01207	St	M	uVn	A	L	O	O	E	H	Ec
S01c	Pokomam	00019	O	F	Pu	S	L	O	O	O	H	Ec
S01d	Chorti	01126	S	Fm	B	E	O	O	B	S	H	Ec
S02a	Miskito	32212	Ts	En	Un	A	O	O	B	Cc	I	Er
S02b	Choco	12106	O	M	uNv	D	O	O	K	S	H	Et
S03a	Cuna	01306	S	En	U	D	O	O	B	S	H	Ec
S03b	Cagaba	00028	S	N	U	A	O	O	B	S	H	Er
S03c	Cayapa	11215	O	Fm	Vu	D	O	O	K	O	H	Ht
S03d	Talamanca	11215	S	M	uNv	A	O	M	O	C	I	Ec
S03e	Tunebo	11206	Ts	P	uVu	D	O	O	B	O	H	Ec
S04a	Goajiro	01171	B	Fq	uA	A	O	Sl	O	T	C	Cc
S04b	Taino	11206	B	Fn	V	.	O	.	.	.	.	Jr
S04c	Paraujano	31600	B	N	Bn	D	O	O	B	O	H	O
S04d	Curipaco	02305	.	M	V	D	O	O	B	O	H	Er
S05a	Callinago	01504	S	En	M	S	O	L	O	Cp	I	Ir
S05b	Black Carib	01306	O	N	No	A	O	O	R	C	I	Hr
S05c	Yupa	31105	O	N	Un	A	O	O	B	Cc	I	Ec
S05d	Carinya	01108	Os	Fn	Uv	A	O	O	B	Qc	I	Er
S06a	Warrau	43201	S	Er	U	D	O	O	B	Qm	H	Cr
S06b	Yaruro	22114	S	Gn	Ua	D	O	O	B	Cc	H	Er
S07a	Wapishana	22204	S	P	uV	E	O	O	B	Cc	I	Er
S07b	Locono	11305	S	N	M	A	O	S	O	Cm	.	Er
S07c	Palikur	02305	O	M	bPu	.	Ms	O	O	.	.	Er
S08a	Djuka	01108	Os	Es	Ma	C	O	S	O	Ss	H	Er
S09a	Carib	22204	S	N	uBn	A	O	O	B	Cc	I	Er
S09b	Panare	03205	O	R	Uv	D	O	O	B	Cc	I	Er
S09c	Waiwai	12205	S	N	uB	A	O	O	B	C	I	Er
S09d	Yabarana	13204	S	N	Uv	E	O	O	B	Cc	I	Er
S09e	Yekuana	23203	O	Fr	U	E	O	O	B	Cc	I	Er
S10a	Yanomamo	10009	Xs	Er	Vn	S	O	O	B	Cc	I	Et
S10b	Guahibo	13204	S	Fn	U	A	O	O	B	Cc	I	Er
S10c	Shiriana	34300	St	En	U	D	O	O	B	C	I	O
S10d	Waica	23302	O	N	B	A	O	O	B	.	.	Et
S10e	Piaroa	24301	O	N	U	E	O	O	B	Cc	I	Er

30	32	39	42	44	48	54	56	58	60	62	67	71	73	76	1
V	31	O	O	M	F	F	M	M	O	N	O	O	.	O	N23c
S	30	Eo	O	E	F	F	M	O	O	N	O	O	P	O	N23d
V	20	O	O	M	F	.	M	.	O	E	O	.	C	O	N23e
V	32	O	Mc	F	Mc	P	M	Mc	O	D	C	I	P	Pp	N24a
N	20	Bo	O	F	F	F	M	O	D	M	W	O	E	Ce	N24b
T	30	O	O	M	F	F	M	O	O	N	O	O	O	O	N24c
H	30	Bm	O	F	F	N	M	M	D	N	W	O	E	Ce	N24d
V	30	O	O	M	F	D	M	.	O	N	O	O	P	O	N24e
V	41	Bo	O	F	F	O	M	M	M	N	.	O	E	Ce	N25a
V	20	So	O	F	F	F	M	O	F	M	.	O	E	Pu	N25b
V	31	.	.	F	Mc	.	M	M	E	M	.	O	E	Ce	N25c
V	20	P	O	F	P	O	M	M	.	M	O	O	E	Pe	N25d
V	31	Sm	O	D	F	.	M	M	Eb	M	W	Hf	C	Pe	S01a
X	31	O	P	F	P	O	M	M	O	M	C	H	.	Qe	S01b
V	30	O	O	O	F	O	O	O	O	M	O	O	O	Ce	S01c
X	41	P	O	O	G	G	M	N	D	M	C	O	E	Ce	S01d
V	31	Bm	O	F	F	E	M	N	.	F	O	O	.	.	S02a
N	20	O	O	O	Fa	.	M	M	O	E	O	O	.	.	S02b
V	31	P	O	F	G	N	M	M	M	M	W	Sf	E	.	S03a
T	30	P	O	M	M	F	M	E	.	E	W	O	P	Pe	S03b
N	30	P	O	F	F	F	M	M	.	G	O	O	P	.	S03c
N	20	P	O	F	F	G	M	M	.	E	O	O	.	Ce	S03d
V	20	O	O	F	F	G	M	M	O	D	O	.	C	Ce	S03e
B	30	Bm	O	F	F	F	M	M	D	F	W	H	M	Me	S04a
V	22	O	O	O	P	.	M	M	O	G	D	S	M	M.	S04b
V	20	O	O	.	P	.	.	.	O	O	O	O	.	.	S04c
V	20	O	O	P	P	F	M	M	O	G	O	O	.	.	S04d
H	30	O	O	F	F	F	M	N	O	G	O	H	C	.	S05a
V	20	O	O	O	O	.	M	D	O	G	O	O	A	.	S05b
V	20	O	O	F	M	E	M	N	O	D	O	O	S	.	S05c
N	20	O	O	O	F	G	M	N	O	D	O	O	E	Ce	S05d
T	30	O	O	M	F	E	M	M	O	G	O	O	C	.	S06a
V	20	O	O	O	F	F	M	M	M	N	O	O	Q	Pe	S06b
V	30	O	O	F	F	F	M	N	O	G	O	O	.	.	S07a
V	30	O	O	P	P	.	M	.	O	N	O	S	.	.	S07b
V	20	O	O	P	P	.	M	N	O	E	O	O	E	.	S07c
T	31	O	O	O	O	E	M	N	O	G	O	O	N	Ne	S08a
N	20	O	O	F	F	G	M	N	O	D	O	O	C	.	S09a
S	20	O	O	.	.	.	M	N	O	G	O	O	.	.	S09b
V	20	O	O	D	F	G	M	N	O	G	O	O	P	Pe	S09c
V	20	O	O	O	F	F	M	N	O	G	O	O	.	.	S09d
V	30	O	O	M	M	.	M	N	O	G	O	O	.	.	S09e
W	30	O	O	O	P	F	M	D	O	N	O	O	C	.	S10a
N	30	O	O	O	F	G	M	M	O	N	O	O	C	Pp	S10b
S	30	O	O	.	F	F	M	M	O	O	O	O	C	.	S10c
S	20	O	O	O	.	.	M	D	O	G	.	.	.	.	S10d
S	20	O	O	F	P	F	M	M	O	G	O	O	.	.	S10e

1	3	7	12	14	16	19	20	22	24	25	27	28
S11a	Tucano	11305	X	N	Pu	C	P	O	O	Cm	I	Er
S11b	Tucuna	11404	X	N	uPu	C	M	O	O	C	I	Er
S11c	Yagua	05104	S	M	uP	C	L	O	O	O	.	Er
S11d	Witoto	22204	S	N	P	C	L	O	O	C	.	Er
S12a	Jivaro	12106	S	P	uN	A	O	O	K	Cc	I	Er
S12b	Campa	03205	O	P	Vu	A	O	O	B	Cc	I	Er
S13a	Inca	01027	O	M	Vn	D	O	O	B	Q	H	Jc
S13b	Aymara	00136	O	Em	P	D	L	O	O	O	H	Er
S14a	Amahuaca	04105	Sx	Gn	Vn	E	O	O	B	Cc	I	Ec
S14b	Chacobo	22204	O	N	uV	A	O	O	B	Cc	I	Er
S14c	Conibo	12403	S	Fr	U	E	O	O	B	.	.	Er
S15a	Siriono	35101	O	Er	U	S	O	O	B	Mm	C	Ec
S15b	Mundurucu	13204	S	En	Uv	A	M	O	O	Cc	Z	Er
S15c	Tenetehara	12115	S	En	U	D	O	O	B	O	H	Er
S15d	Camayura	21304	S	En	uV	A	O	O	B	Cc	I	Er
S15e	Tapirape	11305	O	Em	U	D	O	O	B	O	H	Er
S16a	Timbira	23104	S	Fm	M	S	O	M	O	O	C	Er
S16b	Shavante	43102	S	Fr	U	A	S	O	O	O	I	Ec
S16c	Coroa	12106	O	M	U	D	O	O	B	O	O	Er
S16d	Apinaye	22105	T	Em	M	S	.	.	O	R	C	Er
S16e	Sherente	23104	O	N	uP	S	M	O	O	P	O	Er
S17a	Tupinamba	22204	S	Eq	Uv	A	O	O	B	Cc	.	Er
S17b	Cayua	22105	O	M	Vn	A	O	O	B	.	H	Er
S18a	Aweikoma	46000	O	P	B	D	O	O	B	Q	H	O
S18b	Botocudo	54100	O	Er	.	E	O	O	B	Q	H	O
S19a	Caraja	22402	O	Fn	Un	D	O	O	K	Q	H	Er
S19b	Trumai	21304	T	En	V	A	O	O	Q	Cc	I	Er
S20a	Nambicuara	43102	O	M	Vu	A	O	O	B	Cc	I	Er
S20b	Bacairi	02305	O	Fn	uVn	D	O	O	Q	C	I	Er
S20c	Bororo	45100	O	Fn	M	S	O	M	O	C	C	O
S20d	Kuikuru	10207	O	N	uV	A	O	O	B	C	H	Er
S20e	Umotina	22105	O	.	uV	D	O	O	B	S	H	Er
S21a	Lengua	25201	O	En	Uv	A	O	O	B	.	.	Cr
S21b	Chamacoco	64000	S	M	Uv	A	O	O	B	.	.	Cn
S21c	Terena	21313	O	En	uBn	D	O	O	A	O	H	Er
S21d	Guato	42301	.	R	N	.	O	O	B	.	I	Er
S22a	Toba	23113	O	Fn	B	A	O	O	B	S	H	Hr
S22b	Mataco	22411	S	Fn	Uv	E	O	O	B	O	H	Cr
S22c	Abipon	26110	B	N	uN	A	O	O	B	N	E	O
S22d	Choroti	43201	S	M	U	E	O	O	B	O	E	Cr
S22e	Caduveo	04312	O	Fn	U	.	O	O	B	O	H	Er
S23a	Mapuche	10126	B	Fq	Pn	T	L	O	O	Mm	O	Ic
S24a	Tehuelche	27100	Gb	Fn	V	A	O	O	B	Q	.	O
S24b	Ona	16300	O	N	Vn	E	O	O	B	N	E	O
S25a	Yahgan	12700	St	N	V	E	O	O	B	N	E	O
S25b	Alacaluf	12700	O	N	uBn	A	O	O	B	Q	.	O

30	32	39	42	44	48	54	56	58	60	62	67	71	73	76	1
W	20	P	O	O	F	G	M	M	O	G	O	H	P	Pe	S11a
V	20	O	O	F	G	E	M	M	O	G	O	O	.	Pe	S11b
V	20	O	O	O	Fa	.	M	N	O	G	O	O	E	O	S11c
V	20	O	O	O	F	M	M	M	O	G	O	I	.	P.	S11d
N	20	O	O	M	F	G	M	M	F	G	O	O	O	Pe	S12a
V	20	O	O	Fc	O	.	M	M	O	F	O	O	P	.	S12b
V	24	Co	Mc	F	F	O	M	O	M	N	Ce	O	.	Pe	S13a
V	31	Bm	M	D	N	O	M	M	G	E	W	O	.	Pe	S13b
N	20	O	O	F	F	E	M	M	O	D	O	O	O	O	S14a
V	20	O	O	O	F	G	M	M	O	G	O	O	.	.	S14b
V	20	O	O	F	F	.	M	M	O	F	O	I	.	P.	S14c
S	30	O	O	O	F	E	M	M	O	E	O	O	P	O	S15a
V	30	O	O	O	F	E	M	N	O	D	O	O	P	O	S15b
V	30	So	O	O	O	.	M	.	.	N	O	O	A	Pe	S15c
W	30	O	O	O	F	F	M	M	O	N	O	O	P	O	S15d
V	30	O	O	O	F	E	M	N	O	N	O	O	.	.	S15e
S	40	P	O	O	O	G	M	N	F	G	O	O	.	Ce	S16a
S	40	O	O	O	O	G	M	N	O	N	O	O	C	O	S16b
S	30	O	O	O	O	F	M	M	O	D	O	O	M	.	S16c
V	30	O	O	O	O	F	M	N	O	E	O	O	N	.	S16d
V	30	O	O	O	O	F	M	N	O	G	O	O	P	.	S16e
V	31	O	O	O	F	F	M	M	O	G	W	I	P	.	S17a
V	20	O	O	F	F	G	M	M	O	N	O	.	.	.	S17b
B	20	O	O	O	F	G	M	O	O	O	O	O	O	O	S18a
B	30	O	O	O	O	F	M	M	O	O	O	O	C	.	S18b
T	30	O	O	F	P	D	M	.	O	N	O	I	Q	.	S19a
V	30	O	O	O	O	G	M	M	O	D	O	I	P	.	S19b
S	30	O	O	P	O	G	M	N	O	N	O	O	C	O	S20a
V	40	O	O	O	E	.	M	M	O	D	O	O	C	.	S20b
S	41	O	O	O	F	F	M	M	O	O	O	O	N	.	S20c
V	20	O	O	O	O	D	M	M	O	N	O	O	P	.	S20d
V	30	O	O	F	F	F	M	E	O	M	O	O	P	.	S20e
B	30	O	O	F	F	F	M	M	O	M	O	O	P	.	S21a
B	21	O	O	P	P	E	M	.	O	F	D	S	.	.	S21b
S	40	Bo	O	F	F	E	M	M	.	D	D	H	P	.	S21c
W	20	O	O	F	F	N	M	M	O	.	O	O	P	.	S21d
T	21	Eo	O	F	F	F	M	M	.	D	O	O	P	O	S22a
S	30	So	O	F	F	G	M	M	F	G	O	O	.	O	S22b
B	20	Eo	O	F.	F	G	M	M	E	O	D	H	O	.	S22c
W	20	O	O	F	F	G	M	M	G	D	O	O	.	O	S22d
B	31	Eo	O	F	F	E	M	N	M	G	D	S	.	Pp	S22e
H	40	Bm	M	F	F	F	M	M	N	N	W	If	P	Pe	S23a
B	30	Eo	M	F	P	E	M	.	M	O	O	I	P	.	S24a
B	20	O	O	O	O	F	M	N	O	O	O	O	C	O	S24b
B	20	O	O	O	O	F	M	D	O	O	O	O	O	O	S25a
B	20	O	O	O	O	.	M	D	O	O	O	O	O	.	S25b

CHAPTER TEN

Summary and Conclusions

The codified ethnographic data presented in Chapter 9 may now be summarized. The classification into provinces, coupled with the limitation imposed on the number of societies selected from each, assures that the societies chosen for inclusion are reasonably representative of the world as a whole. The summary may therefore be regarded as reflecting on a reduced scale the distribution of cultural phenomena over the entire world.

The subsistence economy will serve as an appropriate starting point. A fundamental distinction is to be drawn between economies which produce their food supply by agriculture and animal husbandry and those which merely collect their food by gathering, hunting, and fishing. If Column 7 shows that half or more of the food supply is obtained by productive techniques we treat a society as food-producing, and class its members as pastoralists if they depend primarily on animal husbandry and otherwise as agriculturists. Among agriculturists a society is classed as intensive tillers if Column 28 indicates that it practices irrigation, artificial fertilization, or crop rotation and as extensive tillers if it does not. Among food collectors a society is classed as hunters if it obtains the bulk of its food by hunting or trapping, as fishers if it subsists mainly by fishing, shellfishing, or the pursuit of sea mammals, and as foragers if neither technique predominates. Table 1 shows the regional and world distribution of these modes of subsistence economy.

One notes from Table 1 that intensive tillers predominate in the Circum-Mediterranean and East Asia, and extensive tillers in Africa and the Insular Pacific, whereas foragers and other nonagriculturists hold a slight edge in South America and are strongly dominant in North America. Pastoralists are confined to the Old World except for the Goajiro (S04) in South America.

131

Next to be considered is the differing modes of obtaining a wife found throughout the world. Some societies require the groom to pay a substantial material consideration in the form of a bride-price, bride-service, or the exchange of a sister or other female relative for the bride. Other societies demand only a small or token bride-price or require a reverse payment in the form of a dowry. Still others demand no material consideration unless bridal gifts are so considered, or may require an elaborate and often prolonged reciprocal exchange of valuable gifts or services. The data are summarized in Table 2.

The recapitulation in Table 2 shows that a bride-price or other form of substantial consideration is almost universal in Africa and characterizes roughly half the societies of the Circum-Mediterranean, East Asia, and the Insular Pacific. Its incidence drops sharply, however, in the New World, where absence of a consideration is the rule. In South America, for example, there are only five instances where a bride-price is paid.

The data in Column 16 reveal the prevailing rule of residence in marriage. As indicated in Table 3, patrilocal or virilocal residence

Table 1: Types of Subsistence Economy

	A	C	E	I	N	S	World
Intensive tillers	27	50	43	14	14	3	151
Extensive tillers	71	1	17	68	14	34	205
Pastoralists	8	14	9	0	0	1	32
Hunters	2	0	2	1	19	9	33
Fishers	0	0	5	6	28	8	47
Foragers	3	0	5	12	49	26	95
Total	111	65	81	101	124	81	563

Table 2: Modes of Obtaining a Wife

	A	C	E	I	N	S	World
Bride-price	86	37	42	37	19	5	226
Exchange of sisters	6	0	0	8	0	3	17
Bride-service	8	0	4	5	16	30	63
Token bride-price	7	1	10	2	12	5	37
Dowry	0	13	9	2	0	0	24
Reciprocal gift-exchange	1	3	4	15	19	1	43
No material consideration	3	11	12	32	57	35	150
Data lacking	0	0	0	0	1	2	3
Total	111	65	81	101	124	81	563

preponderates in every region except South America, where matrilocal or uxorilocal residence is the leading mode. Second place is held by avunculocal residence in Africa, by neolocal residence in the Circum-Mediterranean, by ambilocal residence in the Insular Pacific, and by matrilocal residence in East Asia and North America.

The form of family organization can be calculated from the data in Columns 14 and 16. The incidence of the various types of family is shown in Table 4.

Table 3: Rules of Residence in Marriage

	A	C	E	I	N	S	World
Patrilocal or virilocal	89	47	64	57	68	31	356
Matrilocal or uxorilocal	4	0	9	13	31	33	90
Avunculocal (including alternatives C and D)	11	1	0	9	4	1	26
Ambilocal	2	3	3	14	15	9	46
Neolocal	4	14	5	5	6	6	36
Duolocal	1	0	0	3	0	0	4
Data lacking	0	0	0	0	0	1	1
Total	111	65	81	101	124	81	563

Table 4: Types of Family Organization

	A	C	E	I	N	S	World
Large extended families							
Patrilocal	18	7	5	4	8	4	46
Matrilocal	2	0	2	5	14	13	36
Ambilocal	0	0	1	5	1	1	8
Avunculocal	1	0	0	0	2	0	3
Small extended families							
Patrilocal	26	19	26	15	30	6	122
Matrilocal	0	0	1	3	11	10	25
Ambilocal	3	1	0	2	8	2	16
Avunculocal	1	0	0	0	1	1	3
Stem families	0	6	12	4	5	2	29
Independent polygynous families							
With general polygyny	45	7	1	17	14	7	91
With limited polygyny	12	5	21	29	22	21	110
Independent polyandrous families	0	0	2	1	0	0	3
Independent monogamous families	3	20	10	14	7	12	66
Data lacking	0	0	0	2	1	2	5
Total	111	65	81	101	124	81	563

The prevailing type of family organization differs widely with region. In Africa patrilocal extended families and independent polygynous families with general polygyny predominate. Independent monogamous families are the leading form in the Circum-Mediterranean, and independent polygynous families in the Insular Pacific. In East Asia small patrilocal extended families share the lead with independent polygynous families having limited polygyny. Small patrilocal extended families predominate in North America, whereas in South America matrilocal extended families and polygynous families share first place. No single type of family organization attains an incidence of as high as 22 percent for the world at large.

Columns 20, 22, and 24 show the types of kin groups found in each society. Amongst other things these reveal the rule of descent prevailing in the particular society. The data are summarized in Table 5.

Patrilineal descent prevails by a wide margin in Africa and East Asia, and bilateral descent to a similar degree in North and South America. Matrilineal descent is a very close second to patrilineal descent in the Insular Pacific, as is bilateral descent in the Circum-Mediterranean. Kindreds are specifically reported for more than a third of the bilateral societies and may well be present in most of them. Ramages, indicative of ambilineal descent, are especially common in the Insular Pacific. Double descent does not occur in the Circum-Mediterranean or in the New World.

The types of kinship terms applied to cousins are defined in Column 27, and their distribution is given in Table 6. This reveals few surprises for it confirms correlations that have long been known, namely, those of Hawaiian and Eskimo terminology with bilateral descent, of Iroquois terms with unilineal descent, of Omaha terms with patrilineal descent, of Crow terms with matrilineal descent, and of descriptive

Table 5: Rules of Descent

	A	C	E	I	N	S	World
Patrilineal descent	74	33	58	29	16	13	223
Matrilineal descent	17	3	7	24	26	7	84
Double descent	10	0	1	11	0	0	22
Ambilineal descent	3	0	1	17	3	2	26
Bilateral descent	6	29	13	20	76	55	199
Bilateral with quasi-lineages	1	0	1	0	3	2	7
Data lacking	0	0	0	0	0	2	2
Total	111	65	81	101	124	81	563

terminology with the endogamous type of social organization charac-
teristic of the Islamic peoples of the Near East.

The various rules regarding the marriage of first cousins are indi-
cated in Column 25, and their distribution is shown in Table 7.

Scrutiny of Table 7 reveals that a majority of the societies in Africa,
the Insular Pacific, and especially North America prohibit cousin mar-
riage in any form. On the other hand, a majority of those in the Circum-
Mediterranean permit marriage with any first cousin, and many of these
actually prefer unions with an ortho-cousin, a father's brother's daugh-
ter. In East Asia and South America the tendency is to forbid unions
only with a parallel cousin and to allow or even prefer marriage with a
cross-cousin, the daughter of a mother's brother or a father's sister.

Column 30 analyzes the various types of settlement pattern, and
Table 8 shows their regional distribution. The regions show a strikingly
similar pattern of distribution with the exception of North America,
where seminomadic and semisedentary communities far outnumber all
other types. This is, of course, consistent with the prevalence of food-
collecting as opposed to food-producing subsistence economies in this
region.

Column 32 shows the number of jurisdictional levels in each society
and thus indicates its degree of political integration. If a society is com-
posed of autonomous local communities it is classed as stateless. If it has
a single jurisdictional level superior to the local community, for ex-
ample, that of a petty paramount chief, it is classed as having petty
states; if it has two such superior levels it is treated as composed of small
states; if there are three or more levels it is classed as a large state. Table
9 shows the world distribution of these levels of political complexity.

Table 6: Kinship Terms for Cousins

	A	C	E	I	N	S	World
Hawaiian type	22	1	17	40	58	28	166
Iroquois type	32	3	14	24	29	28	130
Eskimo type	2	24	12	16	10	4	68
Descriptive type	15	21	12	0	0	0	48
Omaha type	14	1	11	2	9	3	40
Crow type	4	0	2	8	14	5	33
Sudanese type	0	1	3	4	0	0	8
Aberrant forms	1	0	0	2	2	1	6
Data lacking	21	14	10	5	2	12	64
Total	111	65	81	101	124	81	563

Table 7: Cousin Marriage

	A	C	E	I	N	S	World
Marriage forbidden with any first cousin	59	21	26	67	98	27	298
Marriage allowed or preferred with MoBrDa only	3	0	8	6	1	2	20
Marriage allowed or preferred with FaSiDa only	1	0	0	0	1	1	3
Cross-cousin marriage							
Preferential with either cross-cousin	6	0	10	4	4	20	44
Preferential with MoBrDa allowed with FaSiDa	7	2	8	3	1	2	23
Preferential with FaSiDa allowed with MoBrDa	5	0	1	0	1	1	8
Allowed with either cross-cousin	11	4	6	8	6	11	46
Exceptional forms of duolocal marriage	0	1	3	2	1	1	8
Marriage allowed with any first cousin	6	8	8	7	2	6	37
Ditto but preferred with a cross-cousin	4	2	2	0	1	2	11
Ditto but preferred with a FaBrDa	3	14	3	1	0	0	21
Data lacking	6	13	6	3	8	8	44
Total	111	65	81	101	124	81	563

Table 8: Settlement Patterns

	A	C	E	I	N	S	World
Migratory bands	9	6	4	12	9	11	51
Seminomadic communities	3	6	12	0	50	12	82
Semisedentary communities	3	1	8	3	33	5	53
Impermanent settlements	3	0	4	2	0	5	14
Dispersed neighborhoods	22	5	4	10	2	8	51
Hamlet clusters	16	6	6	16	2	2	48
Nucleated villages or towns	50	36	39	54	28	36	243
Same with outlying homesteads	5	5	4	4	0	2	20
Total	111	65	81	101	124	81	563

Table 9: Levels of Political integration

	A	C	E	I	N	S	World
Stateless societies	30	7	26	52	81	67	263
Societies with petty states	38	14	22	29	37	12	152
Societies with small states	26	9	11	16	6	1	69
Societies with large states	17	32	21	4	0	1	75
Data lacking	0	3	1	0	0	0	4
Total	111	65	81	101	124	81	563

Table 9 reveals sharp regional differences in political complexity. Stateless societies preponderate strongly in the New World. In the Insular Pacific stateless societies and societies with states are equally numerous. In Africa and East Asia there is an excess of societies with states of moderate size, whereas in the Circum-Mediterranean large states are found in roughly half of all societies.

Column 73 examines the alternatives in the method of choosing a successor to the office of local headman or his functional equivalent, and Table 10 shows their relative incidence in the several regions. In general, some rule of hereditary succession is operative, but this is not the case in East Asia, and in the Circum-Mediterranean a successor is chosen by election or some other formal method of attaining consensus.

The rules governing the inheritance of a man's personal property, defined in Column 76 and tabulated in Table 11, might be expected to show a measure of consistency with those governing succession to the office of local headman, but there are notable differences, and the data on South America are too scanty for reliable conclusions.

By and large, there is a widespread tendency for a man's possessions to be transmitted on his demise to a son or sons, which is normally the case in Africa, East Asia, and the Insular Pacific. In the Circum-Mediterranean, however, the heirs of a man are his children of either sex, although sons often receive a larger share than daughters, as in Islamic practice. In North America a majority of societies do not permit any inheritance, a man's possessions being destroyed at his death or given away at his funeral, although a minority allow some form of patrilineal transmission. Matrilineal inheritance is a fairly common alternative in Africa and to a lesser extent in the Insular Pacific.

Column 67 deals with the types of class stratification prevailing among freemen, and Table 12 records their regional distribution.

Table 10: Succession to the Office of Local Headman

	A	C	E	I	N	S	World
Hereditary succession by a son	28	5	24	31	40	19	147
Hereditary succession by a patrilineal heir who takes precedence over a son	18	0	2	5	3	2	30
Hereditary succession by a sister's son	4	0	2	4	3	3	16
Hereditary succession by a matrilineal heir who takes precedence over a nephew	12	1	0	7	10	3	33
Nonhereditary succession on the basis of age or seniority	7	7	4	3	3	1	20
Nonhereditary succession on the basis of wealth or influence	1	1	2	7	13	0	24
Nonhereditary succession through informal consensus	2	1	9	5	21	13	51
Nonhereditary succession through election or some other mode of formal consensus	9	20	11	9	14	5	68
Nonhereditary succession through appointment by a higher authority	5	7	3	0	0	2	17
Absence of any office resembling a local headman	11	9	7	18	13	6	64
Data lacking	14	19	17	12	4	27	93
Total	111	65	81	101	124	81	563

Slavery, because it is the subject of the next compilation, is not taken into consideration here. The statistics show that complex forms of class stratification are particularly characteristic of the Circum-Mediterranean, although social classes are common throughout the Old World. In the New World, however, they make their appearance only sporadically.

Column 17 classes slavery into hereditary and nonhereditary or incipient forms, and Table 13 shows their incidence. Since colonial regimes had often abolished the practice before ethnographic accounts were compiled, the data refer to the traditional situation rather than to that at the date of recording.

One notes from Table 13 that slavery is reported for only a small

Table 11: Inheritance of a Man's Personal Property

	A	C	E	I	N	S	World
Equal inheritance by children of either sex	5	11	10	17	15	5	63
Inheritance by one child, usually the eldest	0	1	0	5	0	0	6
Unequal inheritance by children, with sons receiving more	9	22	5	2	2	0	40
Patrilineal inheritance							
By sons equally	21	17	36	19	22	11	126
By eldest son	24	3	5	4	5	2	43
By youngest son	1	0	6	1	1	0	9
By another or unspecified son	3	1	1	2	1	2	10
By patrilineal kinsmen other than a son	16	0	1	1	2	1	21
Matrilineal inheritance							
By a sister's son or sons	2	1	1	6	4	2	16
By a matrilineal heir other than a nephew	21	0	2	4	5	1	33
No inheritance; property is destroyed or given away	3	0	2	4	43	13	65
Data lacking	6	9	12	36	24	44	131
Total	111	65	81	111	124	81	563

minority of the societies of the Insular Pacific and the New World. In East Asia societies that hold and do not hold slaves are evenly balanced, and in the Circum-Mediterranean the former are only slightly more numerous. In Africa, however, slavery is overwhelmingly the rule, and societies lacking it constitute only 23 per cent of the total. This contrast is enhanced by the fact that slavery is unknown to the Pygmies, the Bushmen, and the linguistic relatives of the latter. It is, as it were, a Negro specialty.

There remain for consideration a series of codes dealing with the division of labor by sex, a subject in which I have been particularly interested. We may begin with agriculture, an activity in which such tasks as preparing the soil, planting, tending the growing crops, and harvesting them may be allocated exclusively to one sex or the other or distributed equally or unequally between them. Table 14 summarizes the evidence.

Table 12: Social Classes

	A	C	E	I	N	S	World
Complex stratification into social classes largely reflecting occupational differentiation	6	27	19	3	1	3	59
Dual stratification into hereditary classes of nobles and commoners	46	7	17	33	15	5	123
Stratification into a land-holding elite and a propertyless proletariat	1	8	1	0	1	0	11
Wealth distinctions based on the possession or distribution of wealth but not crystallized into actual social classes	14	11	24	22	29	7	107
Absence of significant class distinctions among freemen	40	11	17	43	74	64	249
Data lacking	4	1	3	0	4	2	14
Total	111	65	81	101	124	81	563

Table 13: Slavery

	A	C	E	I	N	S	World
Hereditary slavery present	41	24	15	10	14	7	111
Slavery present but its nature not specified	21	4	12	3	4	5	49
Nonhereditary slavery present	19	5	8	8	21	7	68
Slavery absent	24	29	35	78	82	58	306
Data lacking	6	3	11	2	3	4	29
Total	111	65	81	101	124	81	563

It is clear from Table 14 that agriculture is basically a masculine activity in the Circum-Mediterranean and East Asia, a feminine activity in Africa and South America, and one in which sex roles are essentially equal in the Insular Pacific and North America.

Column 44 and Table 15 relate to the division of labor by sex in metal working. It is noteworthy that such activities as smelting, forging, and casting are universally allocated to the male sex. The only society surveyed which allots even a subordinate role to females is the Punjabi (E13).

Table 14: Sex Division of Labor in Agriculture

	A	C	E	I	N	S	World
Performed exclusively by males	2	14	11	6	7	7	47
Performed predominantly by males	17	24	17	18	10	14	100
Equal or equivalent contribution by both sexes	33	14	32	40	7	19	145
Performed predominantly by females	46	1	5	3	11	25	91
Performed exclusively by females	2	1	2	20	11	5	41
Agriculture not practiced	8	3	12	11	77	10	121
Data lacking	3	8	2	3	1	1	18
Total	111	65	81	101	124	81	563

Table 15: Sex Division of Labor in Metal Working

	A	C	E	I	N	S	World
Performed exclusively by males	93	58	57	25	2	4	239
Performed predominantly by males	0	0	1	0	0	0	1
Equal or equivalent participation by both sexes	0	0	0	0	0	0	0
Performed predominantly by females	0	0	0	0	0	0	0
Performed exclusively by females	0	0	0	0	0	0	0
Metal working not practiced	11	4	15	74	121	77	302
Data lacking	7	3	8	2	1	0	21
Total	111	65	81	101	124	81	563

Column 44 and Table 16 deal similarly with loom weaving. This is a male task in Africa, but in all other regions is assigned predominantly to females.

Archaeologists will be interested in learning that the manufacture of pottery, as shown in Table 17, is regarded as a feminine activity in the

Table 16: Sex Division of Labor in Loom Weaving

	A	C	E	I	N	S	World
Performed exclusively by males	22	7	11	3	9	4	56
Performed predominantly by males	0	1	1	0	0	0	2
Equal or equivalent participation by both sexes	4	1	2	0	1	3	11
Industrialized production (sex irrelevant)	0	12	0	0	0	0	12
Weaving practiced but sex not specified	3	7	8	4	2	5	29
Performed predominantly by females	0	0	1	0	1	0	2
Performed exclusively by females	4	14	29	22	19	30	118
Weaving not practiced	52	6	17	67	87	36	265
Data lacking	26	17	12	5	5	3	68
Total	111	65	81	101	124	81	563

Table 17: Sex Division of Labor in Pottery Making

	A	C	E	I	N	S	World
Performed exclusively by males	4	3	7	0	3	3	20
Performed predominantly by males	0	1	1	0	0	1	3
Equal or equivalent participation by both sexes	0	2	3	2	0	1	8
Industrialized production (sex irrelevant)	0	7	3	0	0	0	10
Pottery made but sex not specified	9	12	23	20	6	10	80
Performed predominantly by females	1	0	0	2	0	3	6
Performed exclusively by females	62	13	11	10	48	45	189
Pottery is not made	15	4	18	53	65	16	171
Data lacking	20	23	15	14	2	2	76
Total	111	65	81	101	124	81	563

majority of societies in every region despite the fact that men are the potters in 23 scattered societies.

Many additional computations can be made with the evidence assembled in this volume, but surely enough has been shown to demonstrate the advantage of examining a cultural sample large enough and diverse enough to be representative of the entire world. A finer analysis, by culture areas and provinces, is of course possible from our data, and the potentialities of statistical comparisons to show correlations within the data are virtually limitless. Many worthwhile tasks will confront ethnologists long after the possibilities of productive field work are exhausted.

Index

145

Fang (Ae8), 16
Fanti (Af42), 18
Fijians, 54
Flathead (Nd12), 70
Fon (Af1), 17
Fox (Nf7), 73
French Canadians (Cf5), 31
Fuegians, 90
Fulani (Cb24), 19
Fur (Cb17), 23
Futajalonke (Ag6), 19

Ganda (Ad7), 15
Garo (Ei1), 42
Ge, 56
Germans, 32
Gidjingali (Id11), 50
Gilyak (Ec1), 37
Goajiro (Sb6), 81
Goldi (Ec9), 38
Gond (Eg3), 41
Gosiute (Nd48), 69
Greeks (Ce7), 30
Groote Eylandt (Id13), 50
Gros Ventre (Ne1), 71
Guahibo (Se4), 83
Guato (Si6), 89
Guere, See Ngere
Gujarati (Ef9), 40

Hadimu (Ad29), 14
Hadza (Aa9), 10
Haida (Nb1), 65
Hanunoo (Ia15), 58
Hasinai (Nf8), 72
Hausa, 21
Havasupai (Nd3), 76
Hawaiians (Ig6), 56
Hazara (Ea3), 35
Hebrews (Cj3), 29
Hehe (Ad8), 14
Herero (Ab2), 11
Hidatsa (Ne15), 72
Hill Margi. See Kapsiki
Hopi (Nh18), 76
Hottentots, 10
Huailu. See Ajie
Huichol (Ni3), 77
Hungarians (Ch8), 33

Huron (Ng1), 74
Hutsul (Ch2), 33

Iban (Ib1), 49
Ibibio (Af20), 17
Ibo (Af10), 17
Icelanders (Cg2), 32
Ifaluk. See Woleians
Ifugao (Ia3), 58
Iglulik (Na22), 62
Ila (Ac1), 13
Ili-Mandiri (Ic7), 48
Imperial Romans (Ce7), 30
Inca (Sf1), 84
Ingalik (Na8), 64
Irish (Cg3), 31
Iroquois (Ng10), 73
Italians, 30

Japanese (Ed5), 38
Javanese (Ib2), 48
Jemez (Nh8), 76
Jews, 23
Jicarilla (Nh16), 75
Jivaro (Se3), 84

Kabyle (Cb4), 28
Kachin (Ef5), 42
Kafa (Ca30), 25
Kaibab (Nd53), 68
Kalinga (Ia16), 58
Kalmyk (Ci1), 39
Kami. See Luguru
Kanawa (Cb9), 21
Kanembu (Cb18), 27
Kanuri (Cb19), 27
Kaoka (Ig20), 53
Kapauku (Ie1), 51
Kapingamarangi (Ii7), 56
Kapsiki (Ah38), 21
Karen (Ei7), 43
Kariera (Id5), 50
Kashmiri (Ef8), 36
Kaska (Na4), 63
Katab (Ah1), 16
Kazak (Eb1), 36
Kenuzi Nubians (Ch1), 26
Keraki (Ie5), 51
Ket (Ec8), 37

148   ATLAS OF WORLD CULTURES

Kgatla. See Tswana
Khalka Mongols (Eb3), 38
Khasi (Ei8), 42
Khevsur (Ci2), 34
Khmer (Ej5), 44
Kikuyu (Ad4), 14
Kimam (Ie18), 51
Kindiga. See Hadza
Kiowa (Ne17), 72
Kiowa-Apache (Ne2), 75
Kissi (Af2), 18
Klamath (Nc8), 69
Kohistani (Ea4), 36
Koita (Ie20), 51
Kol (Eg8), 41
Kongo (Ac14), 12
Konkomba (Ag10), 20
Konso (Ca1), 25
Koreans (Ed1), 38
Korongo (Ai38), 23
Koryak (Ec5), 37
Kpe (Ae2), 16
Kpelle (Ac15), 19
Kuba (Ac4), 12
Kubu (Ib8), 48
Kuikuru (Si10), 88
Kumyk (Ci3), 30
Kunama (Ca33), 26
Kung Bushmen (Aa1), 10
Kurtatchi. See Buka
Kusaians (If11), 57
Kutchin (Na20), 64
Kutenai (Nd7), 71
Kuyuidokado (Nd27), 69
Kwakiutl (Nb3), 65
Kwiri. See Kpe
Kwoma (Ie12), 51

Lakalai (Ig9), 53
Lakher (Ei4), 43
Lamet (Eg1), 41
Lamotrek (If16), 53
Lapps (Cg4), 32
Lau Fijians (Ih4), 54
Lawa (Ej12), 42
Lebanese (Cj7), 29
Lele (Ac23), 12
Lengua (Sh9), 88
Lepcha (Ee3), 39

Lesu (Ig4), 53
Li (Ed9), 43
Lifu (Ih7), 54
Lithuanians (Ch9), 32
Locono (Sc10), 82
Lolo (Ed2), 39
Lozi (Ab3), 11
Luapula (Ac34), 13
Luguru (Ad14), 14
Luiseno (Nc33), 68
Luo (Aj6), 23

Macassarese (Ic1), 49
Madan (Cj10), 30
Madi (Ai33), 20
Maidu (Nc12), 67
Majuro (If3), 56
Makin (If14), 56
Malagasy, 13
Malays (Ej8), 45
Malekulans. See Seniang
Malinke (Ag9), 20
Mamvu (Ai5), 22
Manchu (Ed3), 38
Mangarevans (Ij7), 55
Mangbetu (Ai11), 22
Manus (Ig9), 52
Mao (Ai47), 23
Maori (Ij2), 55
Mapuche (Sg2), 89
Mari. See Cheremis
Maricopa (Nh5), 76
Marindanim (Ie19), 51
Marquesans (Ig3), 55
Marsh Arabs. See Madan
Marshallese. See Majuro
Masai (Aj2), 24
Massa (Ai9), 22
Mataco (Sh1), 89
Matakam (Ah7), 21
Maya, 79
Mbuti (Aa5), 15
Mende (Af5), 19
Menomini (Nf9), 73
Metaweians (Ib7), 48
Merina (Eh2), 13
Messiriya (Cb15), 28
Miami (Nf4), 73
Miao (Ed4), 48